Vorwort

"Werdet wie die Kinder", sagt Jesus zu den Erwachsenen.Kinderglaube ist darum so vorbildlich, weil er noch nicht vom Wenn und Aber angefochten ist. Kleine Kinder glauben 'aufs Wort'.Ihnen ist die Achtung vor dem Wort der Erwachsenen angeboren. Kinder christlich erziehen heißt: in ihnen die Ehrfurcht vor dem Wort Gottes zu erwecken und dadurch ihrem Glauben den festen Grund zu bewahren. Herrliche Aufgabe aller Erzieher, die sich ihrer Verwantwortung vor Gott bewußt sind!

Die Andachten sind für Familien geschrieben und beschränken sich darum nicht auf bestimmte Altersgruppen der Kinder. Christliche Erkenntnis soll schrittweise aufgebaut und zugleich vertieft werden, beides in möglichst einfacher Sprache.Die Bibelverse sind sprachlich so wiedergegeben, daß dadurch dem kindlichen Erfassen gedient wird. Deshalb sind sie im Blick auf das Ziel der einzelnen Andachten oft auch auf das dann Wesentliche gekürzt.

Mögen diese Andachten unter des Heiligen Geistes Beistand helfen, die Kinder zusammen mit den Erwachsenen "fröhlich in Gott" sein zu lassen.
(Jesaja 61,10)

Praktische Hinweise

Vor jeder Andacht sollte ein 'Stoßseufzer' gebetet werden. (Lieber Gott, laß mich gut zuhören.-Lieber Gott, ich möchte jetzt ganz aufmerksam sein.-Lieber Gott, hilf, daß ich andächtig bin). Mit der Zeit kann eins der Kinder selbst eine kurze Bitte beten. Von einem größerem Kind könnte der ausgelegte Spruch vorher im Wortlaut der Bibel gelesen werden, ehe er in des Verfassers vereinfachter oder gekürzter Wiedergabe erklingt. Auch die Gebete am Schluß könnten von größeren Kindern gelesen werden. Das Amen wird immer von allen wiederholt.

Trotz der Mühe um kindlich faßbare Sprache, ließen sich nicht immer Ausdrücke vermeiden ,die erklärt werden müssen. Wo das aus andachtsgemäßen Gründen×in der Andacht selbst geschieht, muß die Erklärung vom Vorleser gegeben werden. Er prüfe also im voraus jede Andacht daraufhin und gebe nötige Worterklärungen, ehe er vorzulesen beginnt. Überhaupt ist es ratsam,die Andachten vorher durchzulesen, um sie so verständlich wie möglich zu bieten und um sich auf Fragen der Kinder einzurichten. Gelegenheit zu fragen sollte allerdings erst nach der Andacht gegeben werden, um diese nicht zu zerstückeln.

* nicht

Ich danke dir, Herr, daß ich wunderbar gemacht bin. Psalm 139,14

Da liegt etwas, das ich mir genau ansehen möchte. Mein Arm streckt sich aus. Meine Finger greifen danach. Sie verfehlen den Gegenstand nicht. Sie langen nicht zu weit oder zu kurz, nicht links oder rechts vorbei. Sie treffen ganz genau. Sie greifen aber nicht irgendwie zu. Eine zerbrechliche Bastelarbeit nehmen sie ganz vorsichtig hoch. Ist es etwas Gewichtiges, packen sie fest zu. Dann bringt mein Arm die Sache näher an meine Augen.Der Unterarm dreht sich hin und her. So kann ich den Gegenstand genau betrachten.

Mit dem Blick meiner Augen hat alles angefangen. Auf den Blick folgt der Gedanke, genau sehen zu wollen. Und schon kommen die einzelnen Bewegungen in Gang. Muskeln ziehen sich zusammen; Sehnen strecken sich wieder; dadurch bewegen sich Schulter, Ellbogen, Handgelenk, Finger.Alle Bewegungen sind einander genau angepaßt. Alle dienen dem einen Wunsch, die Sache gründlich anzuschauen.

Wie wunderbar ist das alles! Ich kann nur staunen.

Lieber Gott, ich danke dir, daß ich so wunderbar gemacht bin. Hilf, daß keins meiner Glieder Schaden leidet, damit sie alle so wunderbar bleiben. Amen.

Ich danke dir, Herr, daß ich wunderbar gemacht bin. Psalm 139,14

Ein Baby braucht lange, bis es eine bunte Klapper auf der Bettdecke packen und an den Mund ziehen kann. Lange dauert es, bis es ohne umzufallen sitzen und später stehen und gehen kann. Irgendwann aber klappte das alles.Es fiel sogar dann nicht hin, wenn es einmal stolperte. Seine Beine machten plötzlich schnellere Schritte, um das Hinfallen aufzufangen. Und wenn etwas auf seine Augen zukam, schlossen sich diese ganz schnell. Vieles ging mit der Zeit wie von allein, weil es gelernt worden war.

Es gibt aber in mir allerlei, das wirklich und schon immer von allein geschieht. Mein Herz, es schlägt regelmäßig jede Stunde einige tausendmal und drückt das Blut in meinen Kopf und überall hin bis in die Finger- und Zehenspitzen.Von dort saugt es das Blut dann wieder zurück.Mein Brustkorb dehnt sich regelmäßig aus und holt Luft in die Lungen. Dann zieht er sich wieder zusammen und stößt die verbrauchte Luft aus. Mein Magen, meine Därme, Nieren und die Leber sind in Gang, um Speise und Trank zu verarbeiten. Sogar wenn ich schlafe und von nichts weiß, geschieht das alles ganz von selber.

Lieber Gott, wenn ich darüber nachdenke, kann ich nur sagen: Ich danke dir, Herr, daß ich so wunderbar gemacht bin. Amen.

Ich danke dir, Herr, daß ich wunderbar gemacht bin. Psalm 139,14

Ich kann denken. Ich kann mir über alles mögliche Gedanken machen. Wie kommt es, daß ein bestimmtes Spielzeug sich bewegt? Was hat mein Bruder oder meine Schwester gern? Warum fällt aus den Wolken mal Regen, mal Schnee? Woher kommt das Licht, das abends in unserm Haus brennt? Wenn ich etwas mir selber nicht zurecht denken kann,frage ich die Erwachsenen.Ich kann ja lernen. Sogar auswendig lernen kann ich, Verse und Gebete. Lieder kann ich singen. Wenn jemand eins zu singen anfängt, weiß ich oft, wie es weitergeht.

Ich kann mich an etwas erinnern, das schon vorbei ist: Wie gestern das Wetter war; wer alles zu meiner letzten Geburtstagsfeier gekommen war; Was wir uns für die nächsten Ferien vorgenommen haben.

Ich spüre nicht, wo das Denken vor sich geht. Ich mußte mir sagen lassen, daß es in meinem Kopf, im Gehirn geschieht. Das Gehirn ist besonders wichtig für mich.Darum hat mein Kopf unter seiner Haut einen feste Knochenschale.Die könnte aber bei einem sehr harten Schlag zerbrechen und das Gehirn verletzen. Darum tragen zum Beispiel Bauarbeiter einen Schutzhelm.

Lieber Gott, ich danke dir, daß ich wunderbar gemacht bin.Laß mich immer daran denken- auch beim Spielen - wie wichtig mein Kopf mit dem Gehirn ist.Hilf,daß er keinen Schaden leidet. Amen.

Ich danke dir, Herr, daß ich wunderbar gemacht bin. Psalm 139,14

Ich kann sprechen und anderen sagen,was ich gerade denke. Lange hat es gedauert, bis ich sprechen konnte. Zuerst war es so, daß ein Wort immer wieder durch meine Ohren in das Gehirn kommen mußte, immer wieder, bis es dann von dort zu den Stimmbändern und zum Mund kam und ich es nachsprechen konnte. Um einen kleinen Satz zu sagen, mußte ich viele Monate alt werden. Jetzt aber kann ich alles sagen, was ich denke. Ich kann sogar andere Sprachen lernen.

Schlimm wäre es,wenn ich nicht sprechen könnte. Dann müßte ich alle Gedanken für mich behalten. Ich könnte andere nicht wissen lassen, warum ich froh oder traurig bin. Wenn andere traurig sind, könnte ich ihnen nichts liebes sagen.

Durch das Sprechen bin ich mit den anderen eng verbunden. Wir können unsere Gedanken miteinander austauschen. Daran merke ich,daß ich nicht für mich allein so dahinleben soll. Gott hat mich für das Zusammenleben mit anderen Menschen gemacht. Gerade hierfür hat er mir die Sprache geschenkt.

Lieber Gott, ich danke dir,daß ich so wunderbar gemacht bin, daß ich auch sprechen kann. Gib, daß ich immer nur Gutes und Nützliches sage. Amen.

Ich danke dir, Herr, daß ich wunderbar gemacht bin. Psalm 139,14

Es gibt Menschen, die nicht sehen oder nicht hören können, nicht sprechen oder nicht laufen. Manche sind im Kopf nicht richtig.Sie sind nicht in allem wunderbar gemacht. Woher kommt das? Ist denn Gott nicht lieb, daß er so was werden läßt?

Als Gott die ersten Menschen gemacht hat, waren sie ganz gut. Sie blieben aber nicht so. Sie wurden ungehorsam. Und doch hatten sie gewußt,daß sie dann sterben müßten. Gott ließ sie nicht gleich sterben, aber spüren mußten sie, daß der Tod einmal kommen würde.Es gab Unwohlsein und Schmerzen. Bei der Arbeit mußten sie schwitzen. Die Muskeln und Gelenke wurden müde und taten weh. Sehr sehr weh würde es tun, wenn Mütter ein Kind zur Welt bringen. Das alles kommt von dem Ungehorsam der ersten Menschen her. Von daher kommen aber auch alle Krankheiten und auch das Nichtsehen-, Nichthören-, Nichtsprechen-, Nichtlaufenkönnen. Gott ist wirklich nicht schuld daran.

Doch da kommen mir andere Fragen. Hätte Gott die ersten Menschen nicht zwingen können ihm zu gehorchen? Oder hätte er sie nicht gleich nach ihrem Ungehorsam sterben lassen können und neue Menschen machen? Hätte er...? Hätte er...?

Lieber Gott, so darf ich nicht fragen. Du bist der Höchste. Du weißt,warum du es so und nicht anders gemacht hast. Laß mich vor dir ganz demütig bleiben. Hilf mir für die zu beten, die nicht in allem wunderbar gemacht sind. Amen.

Herr, deine Werke sind wunderbar. Psalm 139,14

Nicht nur ich bin wunderbar gemacht. Alles um mich her ist genauso wunderbar. Da sind vielerlei Tiere. Ich denk an die winzige Spinne, die mal über mein Buch lief,klein wie ein Sandkorn, oder an den großen Elefanten im Zoo; an die Vögel die so schön singen können, oder an den Hund, der Herrchen immer nachläuft; an die kleinen Zierfische im Aquarium oder an den riesigen Walfisch im Meer.

Da sind die vielerlei Pflanzen:der schlanke Grashalm am Wegrand und der hohe Baum im Wald; das Gänseblümchen auf der Wiese und die duftende Rose im Garten; Getreide auf den Feldern und Gemüse im Beet;Obstbäume und Beerenbüsche.Wenn sie auch alle einmal verwelken oder umfallen, so wachsen doch immer wieder neue nach.

Da ist der Himmel mit Sonne, Mond und Sternen. Wie die Uhrzeiger ganz regelmäßig umlaufen und die vielen Räder in einer Uhr umeinander,so kommen auch die Gestirne immer wieder hervor. Sie laufen regelmäßig um und sind doch nicht durch Räder miteinander verbunden.

Da ist das Licht,das ich so gern habe,die Luft, die ich zum Atmen brauche, und das Wasser zum Trinken.

Herr, alle deine Werke sind wunderbar. Hilf mir, daß ich diese schöne Welt nicht verschmutze und auch sonst keinen Schaden in ihr anrichte. Amen.

Herr, deine Werke sind wunderbar; meine Seele erkennt das gut. Psalm 139,14

Ich bin etwas ganz anderes als die Tiere. Die können geschlachtet werden. Gott hat ihr Fleisch uns Menschen zur Nahrung gegeben. Ich bin anders als die Tiere, weil ich eine Seele habe. Sehen kann man sie allerdings nicht. Doch gibt es ja noch mehr, was man nicht sehen kann. Gott selber, der alles so wunderbar gemacht hat, ist unsichtbar. Auch die Engel kann man nicht sehen. Und doch ist einer bei mir.

Wenn ich meine Seele auch nicht sehen kann, so kann ich doch merken, daß ich eine habe. Ich merke es daran, daß ich auch über Unsichtbares nachdenke: über Gott, über die Engel, über meine eigene Seele. Ich möchte gern alles erkennen und immer besser erkennen. Darum hab ich soviel zu fragen. Ich möchte mit der Zeit alles wissen, was es nur zu lernen gibt. Hoffentlich geben mir die Erwachsenen immer rechte Antworten. Dazu hat Gott sie mir geschenkt.

Herr, deine Werke sind wunderbar; meine Seele erkennt das gut.Und wenn ich Fragen habe über dich und alles, was du gemacht hast, dann gib, daß ich rechte Antworten bekomme. Behüte meine Seele vor verkehrten Gedanken. Amen.

Herr, deine Werke sind wunderbar; meine Seele erkennt das gut. Psalm 139,14

Es muß jemand da sein, der mich gemacht hat und alles, was um mich her ist.Von allein kann es nicht geworden sein. Das Buch, aus dem jetzt gelesen wird, mußte von jemandem gedruckt werden, und jemand mußte die bedruckten Blätter miteinander verbinden. Eine Uhr mit ihren vielen Teilen ist nicht von allein geworden. Wenn man all ihre Teile in eine Schale tut, kann man noch so lange schütteln, es wird doch keine Uhr daraus. Wie sollte die große weite Welt mit der Erde und der Sonne,dem Mond und den Sternen von selber geworden sein. Wie sollte jeder einzelne Teil der Welt von allein seinen richtigen Platz und seinen richtigen Weg gefunden haben!

Die Welt kann auch nicht von allein so bleiben, wie sie ist. Ein Motor braucht Benzin und Oel oder elektrischen Strom, wenn er laufen soll. Eine Uhr muß aufgezogen werden oder braucht eine Batterie. Ein Haus muß instand gehalten werden, wenn es später nicht zerfallen soll. Bei allem ist jemand da, und er ist da, ehe die Dinge von ihm gemacht werden. Er ist auch klüger als sie, klüger als etwa der kluge Taschenrechner.

So mußte auch Gott da sein, wenn die Welt werden sollte. Er muß vor ihr dagewesen sein. Er ist größer als alles und klüger als wir Menschen. Er muß die Welt auch in Gang halten.

Herr, ich erkenne, daß alles dein Werk ist. Ich danke dir dafür. Amen.

Herr, deine Werke sind wunderbar; meine Seele erkennt das gut. Psalm 139,14

Ich wundere mich, was Menschen alles können. Da denkt sich einer ein ganz neues Spielzeug aus. In seinem Kopf ist es so gut wie fertig. Er sieht es vor sich.Dann muß aber doch Holz,Blech oder sonst ein Baustoff da sein,wenn es gemacht werden soll. Ein anderer Mensch denkt sich ein schönes Lied aus. Die Töne und Wörter, aus denen das Lied wird, gibt es aber schon. Er setzt sie nur zusammen.

Als Gott sich die Welt ausdachte, war er ganz allein da, sonst weiter nichts. Wie konnte er sie denn bauen, wenn nichts dafür da war?Kein Baustoff, keine Bauteile. Gott ist allmächtig. Will er etwas erschaffen, dann braucht er nur ein Wort zu sagen,und schon ist es fertig,aus nichts. Wenn er will, macht er aus etwas auch was anderes: aus Erde Pflanzen und Tiere,aus dem Himmelsraum Sonne, Mond und Sterne. Aus Erde hat er auch den ersten Menschen gemacht, wie ein Künstler aus Lehm ein Standbild formt. Ein von Menschen gemachtes Standbild kann sich freilich nicht bewegen.Gott aber hauchte in die Nase der Figur, die er gemacht hatte - und schon war sie ein lebendiger Mensch.

Lieber Gott, laß mich nie denken, die Welt wäre von allein geworden. Du hast alles ausgedacht und gemacht;und es ist wunderbar.Ich bete dich an. Amen.

Ich danke dir, Herr. Psalm 139,14

Wenn mir jemand etwas schenkt oder sonst eine Freude macht, soll ich ihm dankbar sein. Das fängt mit einem"Danke schön" an.Ich weiß aber, daß das nicht genug ist. Ich soll ihm auch zeigen, daß ich dankbar bin. Ich soll mir überlegen, wo mit ich ihm eine Freude machen kann, und dann tun, was er gern hat.

Wenn ich Gott dankbar bin, will ich auch nicht nur sagen: "Ich danke dir, Herr." Auch ihm will ich zeigen, wie lieb ich ihn habe. Könnte ich ihn nur mal ganz fest an mich drücken!Er weiß, daß das nicht geht. Darum hat er gesagt, wie ich ihm meinen Dank zeigen kann.Er möchte, daß ich anderen Menschen eine Freude mache, daß ich lieb zu ihnen bin, wie er mich lieb hat. Dadurch kann ich Gott eine Freude machen.

Gott möchte das aber nicht bloß.Es ist nicht nur sein Wunsch. Er will es. Es ist sein Befehl. Er hat das Recht, mir etwas zu befehlen. Er ist größer als ich und hat mich gemacht. Darum ist er nicht nur mein Gott, sondern auch mein Herr. Was er will, muß ich tun. Tu ich es nicht,dann ärgere ich ihn.

Mein Gott und Herr, ich möchte dir echt dafür danken, daß du mich liebst und mich so wunderbar gemacht hast. Hilf, daß meine Gedanken dabei sind, wenn ich "Gott sei Dank" sage. Gib, daß ich dir auch zeige, wie dankbar ich dirbin. Amen.

Ich danke dir, Herr. Psalm 139,14

Zeige ich Gott wirklich, wie dankbar ich ihm bin? Ich muß einmal ganz genau nachdenken,wie ich zu den andern war. Ich sollte etwas tun, hatte aber keine Lust dazu. Da wurde ich wütend. - Ich hatte versprochen, etwas zu tun.Ich tat es aber nicht, weil ich eben nicht wollte.- Ich hatte Freude daran, jemanden zu ärgern. Es machte mir Spaß, wenn er schrie oder weinte.- Ich nahm dem andern das weg, womit er sich gerade fröhlich beschäftigte.- Ich war zornig,wenn ich meinen Willen nicht kriegte. Ich habe geschimpft und böse Wörter gesagt.- Ich habe zugeschlagen wenn ich wütend war.- Ich war frech zu den Großen.Und wenn sie sich darüber aufregten, habe ich in mich hinein gelacht.

Das ist lange nicht alles, was ich Böses getan habe.Denke ich aber nur an dies,wird mir angst und bange. Ich habe nicht getan, was mein Gott und Herr von mir will. Das genaue Gegenteil habe ich getan. Da war ich ihm also nicht wirklich dakbar. Was für einen Sinn hat es, wenn ich nur sage: "Ich danke dir, Herr?"

Mein Gott und Herr, ich muß ehrlich zugeben, daß ich nicht getan habe, was du willst, was du gern hast. Dadurch habe ich dich geärgert und erzürnt. Und doch muß ich "Amen" sagen. Amen heißt ja auch: "So ist es; es ist wahr."

In mir wohnt nichts Gutes. Römer 7,18

Woher kommt es nur, daß ich immer an mich und mein Vergnügen denke, daß ich die andern nicht wirklich lieb habe? Da nehme ich mir fest vor zu tun, was mir befohlen ist. Da denkt es aber in mir: Du brauchst es nicht zu tun; Tu lieber, was du gerade jetzt gern tun möchtest.- Da habe ich jemanden geschlagen, weil er nicht wollte, was ich wollte. Beinahe habe mich darüber geschämt. Aber da dachte es in mir: Schad't ihm gar nichts; warum ist er so stur. - Da wollte ich einem zeigen,daß ich ihn gern habe.Da dachte es aber in mir: Tu's nicht; sonst denkt er, du rennst ihm nach.

Es ist schlimm, daß ich das Gute tun möchte, es aber nicht fertig bringe. Immer wieder merke ich ganz deutlich, daß in mir das Böse steckt. Es setzt seinen Willen durch, auch wenn ich noch so oft lieb sein möchte. Das Böse ist stärker als der Wille zum Guten. Manchmal schäme ich mich wirklich, aber das Böse bleibt weiter in mir stekken.

Großer Gott, was soll nur mit mir werden! Mußt du mich nicht für immer von dir wegstoßen? Laß mich bitte wissen, ob du mich vielleicht doch noch lieb haben kannst. Wie froh wäre ich! Amen.

Jesus Christus ist in die Welt gekommen, um die Sünder zu retten. 1.Timotheus 1,15

Was ist das,ein Sünder? Ich bin damit gemeint. In mir steckt das Böse. Darum tue ich nicht,was Gott will, sondern das Gegenteil tue ich. Nun habe ich Angst vor Gott. Ich wünsche, er wäre mir wieder gut. Ich weiß aber nicht, wie das so werden kann. Ich selber kann nichts dazu tun.

Gott hat gewußt, daß ich mir nicht helfen kann. Da ließ er seinen Sohn in die Welt kommen.Jesus Christus hat die Sünder gerettet, auch mich.Gott selber hat geholfen. Der Name JESUS heißt nämlich auf deutsch: Gott rettet.

Daß Gott selber dem Sünder hilft, auf so einen Gedanken wäre ich nie gekommen. Manches kann ich mir selber denken, zum Beispiel daß die Welt nicht von allein geworden ist, daß Gott sie gemacht hat und daß er größer und älter als die Welt ist. Ich weiß auch,daß er über mir ist und ich ihm gehorchen muß. Dennoch spüre ich das Böse in mir und gehorche Gott nicht. Wenn ich dann Angst kriege meine ich immer nur, ich müßte mich selber vom Bösen befreien. Doch merke ich immer wieder, daß ich das nicht kann.

Da kommt nun Gott und sagt:Was du nicht kannst, das hab ich getan; ich hab dir Jesus gesandt, und durch ihn befreie ich dich von der Macht des Bösen.

Großer Gott, wie lieb hast du mich trotz meiner Sünde. Ich danke dir, daß du mir deinen Sohn gesandt hast. Durch ihn bin ich Sünder gerettet. Nun sage ich ganz fröhlich: Amen.

Das Blut Jesu Christi, des Sohnes Gottes, macht uns rein von aller Sünde. 1.Johannes 1,7

Gestern hörte ich,daß Jesus Christus in die Welt gekommen ist.Dann war er also vorher woanders. Er war bei Gott. Wie Gott war er schon da, ehe die Welt gemacht wurde. Er ist selber Gott, Gottes Sohn. Den Namen JESUS hat er aber erst bekommen, als Maria ihn geboren hatte. Marias Sohn ist also zugleich Gottes Sohn.

Wenn ich das höre, muß ich sehr andächtig werden und aufmerksam zuhören. Gottes Sohn ist Mensch geworden, das heißt doch: er hat mich so lieb, daß er mir zugute auf die Erde gekommen ist. Jesus Christus hat mich so lieb, daß er meinetwegen sein Blut vergossen, es aus vielen Wunden hat fließen lassen. Er wurde mit Peitschen geschlagen. Auf seinen Kopf drückte man einen Kranz aus Dornen. Durch seine Hände und Füße schlug man Nägel, um ihn an einem Kreuz festzumachen. Mit einem Spieß hat man ihm in die Seite gestochen. Gottes Blut ist da geflossen, weil er Mensch und Gott ist. Weil es Gottesblut ist, hat es mich von aller Sünde rein gemacht.

Herr Jesus Christus, du lieber Gottessohn, wie kann ich dir genug danken! Deine Liebe zu mir ist so groß, daß du dich so sehr hast quälen lassen. Dein Blut macht mich rein von aller Sünde. Nun kann ich in Gott fröhlich sein. Amen.

Gott sandte seinen Sohn und stellte ihn unter das Gesetz, um alle zu erlösen, die darunter waren.

Galater 4,4.

Mit "Gesetz" sind Gottes Gebote gemeint. Ich soll sie alle genau halten. Ihn selber aber gehen die Gebote nichts an. Das ist so ähnlich, als wenn mir meine Eltern verbieten, vom Geld in der Schublade etwas wegzunehmen. Sie selber nehmen aber davon; es ist ja ihr Geld. So steht Gott über allem, was er mir geboten und verboten hat.

Ich kann Gottes Gebote nicht so halten, wie er es haben will. In mir steckt ja das Böse. Da ist nun Gottes Sohn gekommen. Er wurde unter das Gesetz gestellt, obwohl es gar nicht für ihn gemacht war. Er hat es aber genau gehalten. Das hat er nicht nur solange getan, wie er bei seinen Eltern wohnte. Er hat es auch getan, als er ein Mann geworden war und durch das Land zog. Immer hat er Gottes Willen getan. Die Gebote mußten einfach erfüllt werden, weil es Gottes Gebote sind. Jesus war der einzige, der sie richtig halten konnte. Er ist ja ohne Sünde, in ihm steckt nichts Böses. Weil er ganz gehorsam war, hat er meinen Ungehorsam gutgemacht. Nun brauche ich mich nicht mehr vor dem Gesetz zu fürchten. Jesus hat die Angst von mir genommen.

Herr Jesus Christus, wieder durfte ich sehen, wie lieb du mich hast. Du hast so getan, als wären die Gebote auch dir gegeben. Mir zuliebe hast du sie gehalten. Hab vielen Dank. Amen.

Gott hat gezeigt,wie groß seine Liebe zu uns ist; denn Christus ist für uns gestorben, als wir noch Sünder und Feinde waren. Römer 5,8.10

Ich kann verstehen, daß man zu jemandem lieb ist, der einen gern hat und einem Freude macht. Das tue ich auch manchmal. Wenn jemand aber böse ist und mich ärgert,dann tue ich ihm nichts Liebes. Daran merke ich deutlich, wie lieb Gott mich haben muß. Ich bin Gott nicht freundlich sondern feindlich,weil ich seine Gebote übertrete. Dennoch hat er seinen Sohn auf die Erde gesandt, um zu leiden und zu sterben.

Daß Gottes Sohn sterben muß, will mir einfach nicht in den Sinn. Der Tod ist zu uns Menschen gekommen, weil die ersten Menschen Sünder geworden waren. Gottes Sohn hat aber nichts Böses getan. Er konnte gar nichts Böses tun, weil er nur Gutes im Herzen hatte. Und doch hat Gott ihn sterben lassen. Warum denn nur? Weil Gott mir helfen wollte, mir, dem Sünder, mir, seinem Feind. Ich sollte vor dem Sterben keine Angst mehr haben. Ich soll immer daran denken, daß der liebe Sohn Gottes für mich,mir zugut gestorben ist.Deutlicher konnte Gott mir nicht zeigen, daß er mich lieb hat und wie sehr er mich liebt.

Herr Jesus, du bist für mich Sünder und Feind Gottes gestorben und zeigst mir dadurch, wie lieb dein Vater mich hat. Ich brauche mich vor ihm wirklich nicht zu fürchten, und auch vorm Tod muß ich keine Angst mehr haben. Ich danke dir, mein Heiland, daß du mich froh gemacht hast. Amen.

Der Engel im Grab sagte zu den drei Frauen: "Jesus ist nicht hier; er ist auferstanden."

Matthäus 28,5.6

Gottes Sohn ist für mich am Kreuz gestorben, damit ich mich vorm Tod nicht mehr zu fürchten brauche. Was soll ich aber mit einem toten Erlöser anfangen? Sterben heißt doch: verwesen, wieder zu Erde werden, aus der der erste Mensch gemacht worden ist.Wenn der Erlöser tot ist,dann ist auch für mich der Tod das Letzte.

Dann hat mein ganzes Leben gar keinen Sinn. Es gibt soviel Unglück, das über ganze Gegenden hereinbricht:Erdbeben, Vulkanausbrüche, Überschwemmungen, Wirbelstürme.Und es gibt soviel Unglück, durch das einzelne getroffen werden: Krankheit, ein Unfall, Gewalttätigkeiten.

Ein wieder lebendig gewordener Heiland,das wäre etwas. An den könnte ich glauben und mich an ihn halten. Wenn er doch lebte! - Er lebt. Gottes Engel hat es den drei Frauen gesagt, die ihn im Grab suchten. Das Grab war leer. Jesus war auferstanden.

Wie dürfte es auch anders sein. Der Tod konnte Jesus nicht festhalten, weil Jesus ohne Sünde ist. Er hat den Tod besiegt und ist wieder lebendig geworden. Nun soll auch ich vom Tod wieder auferstehen und ewig bei Christus sein.

Lieber Heiland, du hast mich wirklich vom Tod erlöst. Ich danke dir und freue mich auf den Himmel, wo ich dir noch besser danken werde. Amen.

Ich glaube, lieber Herr Jesus; heile mich von meinem Unglauben. Markus 9,24

Was heißt eigentlich "glauben"? Da sagt mir jemand etwas, und ich glaube ihm. Das heißt doch: ich bin sicher, daß er mir nichts Falsches sagt. Manchmal hab ich hinterher gemerkt,daß es nicht stimmte. Das hat mich geärgert. Nun soll ich dem Herrn Jesus alles glauben, was er sagt. Ob*nicht auch manchmal die Unwahrheit sagt? Wie könnte er, wo er doch der wahrhaftige Gott ist.Ich darf mich ganz fest auf alles verlassen, was er sagt.

Manchmal kommen mir da aber andere Gedanken. Ist Jesus wirklich Gott, wenn er doch gestorben ist? Hat er die Gebote richtig gehalten, wenn er doch sterben mußte?Nützt er mir überhaupt etwas? Ist er vielleicht gar nicht auferstanden? Solche Gedanken wollen meinen Glauben an Jesus kaputt machen. Sie kommen vom Teufel.Dem will ich aber nicht glauben, weil er immer lügt. Was kann ich da tun?

Ich will schnell die Hände falten und zu Jesus beten. Ich will ihn bitten, daß er mich vorm Teufel behütet und mir die dummen Gedanken wegnimmt. Er tut das bestimmt. Ich glaube ja nicht nur, was der Herr Christus sagt.Ich glaube auch an ihn, weil er mein Heiland ist. ich vertraue mich ihm ganz und gar an. Ich bin sein eigen.

Ich bete dich an,lieber Heiland,und bin so froh, daß ich an dich glauben darf. Treib du allen Unglauben aus meinem Herzen und wohn du allein darin. Amen.

* er

Ihr seid alle Gottes Kinder. Galater 3,26

Welche Menschen mögen hier angeredet sein? Bin auch ich gemeint? Ich muß immer wieder an das Böse in mir denken.Es ist bestimmt nicht von Gott. Er hat ja die ersten Menschen gut und zum Guten erschaffen. Sie hatten Gott lieber als die schöne Welt und den herrlichen Garten, in dem sie lebten. Sie hatten Gott lieb, auch wenn er ihnen verboten hatte, von dem einen Baum im Paradies zu pflücken und zu essen.

Doch dann kam der Teufel mit seinen Lügen. Er sagte: Gott hat euch nicht ganz lieb, sonst hätte er euch nicht verboten, von dem einen Baum zu essen. Nun mußten sie sich entscheiden. Sie mußten zeigen, ob sie Gott lieber hätten als die verbotenen Früchte, ob sie sich an Gott halten oder dem Teufel glauben wollten. Sie hörten auf den Teufel. Sie folgten seiner Lüge. Sie hatten ihn lieber als Gott. Nun waren sie nicht mehr Gottes Kinder, sondern vom Teufel.

Wir alle stammen von den ersten Menschen ab und haben von ihnen das Böse abbekommen , auch ich. Ich bin nicht erst langsam böse geworden. Es steckte schon in mir ,als ich noch im Leib meiner Mutter war.

Lieber Gott, du sagst,daß es auf dieser Erde Kinder Gottes gibt. Du kannst also aus Teufelskindern Gotteskinder machen. Du bist ein wunderbarer Gott. Ich möchte auch gern dein Kind sein. Amen.

Seit eurer Taufe seid ihr Gottes Kinder durch den Glauben an Christus Jesus. Galater 3,26

Ich möchte gern ein Kind Gottes sein. Nun höre ich,daß ich es schon bin.Als ich noch ganz klein war, haben mich meine Eltern und Paten zur Taufe gebracht. Ich wurde mit Wasser getauft, und dabei wurden die Worte gesprochen:Ich taufe dich im Namen des Vaters und des Sohnes und des Heiligen Geistes. Ansehen konnte man es mir nicht, daß ich aus einem Teufelskind ein Gotteskind geworden war. Ich habe hinterher genauso ausgeschaut wie vorher. Aber in meinem Inneren war etwas anders geworden.Durch die Taufe hatte mir der Heilige Geist den Glauben an Jesus Christus geschenkt, den Glauben, daß Christi Blut mich rein macht von aller Sünde.

Verstehen kann ich nicht, daß ein kleines Kind glauben kann. Es muß aber so sein, denn Christus sagt: "Kindern, die zu mir gebracht werden, gehört der Himmel." Ohne Glauben könnte das nicht sein,denn Jesus sagt auch:"Wer nicht glaubt, kommt in die Hölle." Kindern kann also der Himmel nur gehören,wenn ihnen der Glaube geschenkt worden ist. Den Großen sagt Jesus sogar, sie sollen in ihrem Glauben wie die Kinder werden.Wenn sie sonst auch noch so klug sind,müssen sie doch immer wieder zum Kinderglauben zurückkehren.

Lieber Heiland, ich danke dir. Durch die Taufe bin ich ein Kind Gottes geworden und darf an dich glauben. Halt mich ganz fest in diesem Glauben. Amen.

Ihr seid alle Gottes Kinder durch den Glauben an Christus Jesus. Galater 3,26

Ich denke darüber nach, wie das mit dem Glauben ist. Wieso muß ich glauben, daß Jesus mein Heiland ist. Ich begreife doch sonst alles mit meinem Verstand. Der würde aber nichts verstehen, wenn ich nicht sehen könnte oder hören, fühlen, riechen und schmecken. Mit geschlossenen Augen sehe ich nichts, und doch ist alles um mich her da. Wenn ich die Ohren zuhalte, höre ich nichts von den Stimmen und Geräuschen, die doch da sind. So ist es mit dem Herrn Jesus. Meine Augen sehen ihn nicht, obwohl er da ist. Wie kann ich merken, daß es ihn gibt und daß er da ist?

Da gibt es in der Bibel eine Geschichte.Ein alter Mann ,namens Simeon , war im Tempel und sah dort Maria und Josef mit dem Jesuskind. Das nahm er auf die Arme und sagte: "Gott,meine Augen sehen deinen Heiland." Mit den Augen in seinem Gesicht hat er nur ein Menschenkindlein gesehen,ein Baby , das sich selber nicht helfen konnte und getragen werden mußte. Wieso konnte er sagen,er sehe den von Gott gesandten Heiland, das heißt, den Sohn Gottes? Er sah ihn mit inneren Augen, mit dem Glauben, den ihm Gott geschenkt hatte. Ohne diesen Glauben hätte er nur ein Baby gesehen, wie es noch viele gab.

Lieber Gott, du sagst, daß Jesus Christus dein Sohn und mein Heiland ist. Ich glaube, was du sagst, und sehe im Glauben Jesus Christus als meinen Heiland. Seit meiner Taufe habe ich diesen Glauben. Ich danke dir dafür. Amen.

Ihr seid alle Gottes Kinder durch den Glauben an Christus Jesus. Galater 3,26

Noch einmal muß ich über die Frage nachdenken, wieso ein Baby glauben kann. Es versteht doch noch gar nichts. Es sieht Dinge und kennt sie nicht. Es hört die Großen reden, versteht aber kein Wort. Wie soll es denn glauben können?

Mit dem Glauben ist es anders als mit der Vernunft. Die war in mir schon als ich geboren wurde. Sie mußte nur allmählich durch Gebrauch geübt werden, wachsen und zunehmen. Es ist wie bei einem Samenkorn, in dem ist alles drin, was für die ganze Pflanze nötig ist. Es muß nur herauswachsen. Mit dem Glauben ist es ganz anders. Es ist wie mit dem Licht am Anfang der Welt. Zuerst war es in der Welt ganz finster. Kein Fünkchen Licht war da. Da sagte Gott: "Es werde Licht." Und mit einem Mal war es ganz hell. Das war noch wunderbarer, als wenn man in einem finsteren Zimmer das Licht einschaltet. Da ist immerhin eine Lampe da. Als Gott es hell werden ließ, war aber noch keine Sonne da.

So läßt Gott auch den Glauben ganz plötzlich entstehen. Und auch das tut er durch sein Wort. Bei einem kleinen Kind geschieht es in der Taufe. Gott spricht, und der Glaube ist da.

Lieber Gott, aus meiner Kraft käme ich nie zum Glauben an Jesus Christus. Ich danke dir, daß du ihn mir in der Taufe geschenkt hast und durch das Wort von Jesus in mir bleiben läßt. Ich bin sehr froh. Amen.

Wer getauft ist, hat Christus angezogen. Gal.3,27

Wie kann man denn Christus anziehen?Er ist doch kein Kleidungsstück. Ich muß das bildlich verstehen. Ich muß daran denken, wie Christus ist. Er ist ganz fromm und heilig. Er hat sich genau an Gottes Gebote gehalten. Eigentlich gingen ihn die Gebote nichts an. Er ist ja Gott und steht darum über allen Geboten. Für mich hat er das Gesetz Gottes erfüllt, an meiner Stelle. Gott sieht es so an, als hätte ich seine Gebote ganz genau gehalten, als hätte ich ganz fromm und heilig gelebt.

Ich kann nun Christi Heiligkeit und Gerechtigkeit wie eine Festagskleidung anziehen. Das kann ich durch den Glauben an ihn. Wenn Gott mich nun anschaut, sieht er nicht mehr meine Sünden, sondern die Heiligkeit seines Sohnes. Die Bibel beschreibt das auch mit anderen Worten. Sie sagt: "Durch Christus haben wir Vergebung der Sünden." Gott rechnet mir meine Sünden nicht mehr an.Gott sieht es so an, als hätte ich keine Sünde begangen. Er vergibt mir auch das Böse, daß von Anfang an in mir steckt. Auch diese von meinen Eltern geerbte Sündigkeit sieht er nicht mehr.

Meine Seele ist fröhlich in dir, mein Gott.Du hast mir in der Taufe die Kleider des Heils angezogen und mich mit dem Gewand der Gerechtigkeit Christi gekleidet. Ich lobe dich. Amen.

Jesus Christus ist die Versöhnung für die Sünden aller Menschen. 1.Johannes 2,2

Gottes Sohn ist nicht nur für mich in die Welt gekommen. Auch jeder andere kann sagen: Jesus Christus ist mein Heiland.Gottes Sohn hat nämlich alle Menschen mit Gott versöhnt. Er hat zwischen Gott und allen Sündern Frieden gemacht. Für alle hat er sein Blut vergossen und ist für alle gestorben. Gott ist mit der ganzen Menschheit versöhnt. Für jeden einzelnen gibt es Frieden mit Gott. Er braucht nur zuzugreifen. Wo Christi Kreuz stand, liegt nun der ganze himmlische Reichtum Gottes, sozusagen lauter Gold und Silber,Perlen und Edelsteine. Geht nur und holt euch.

Warum gehen nicht alle und greifen zu und holen sich? Die einen sagen: Wer weiß, ob das wahr ist, was die Bibel von Christus erzählt. Andere meinen: Vielleicht ist das alles nur nachgemachtes, wertloses Zeug. Noch andere: Ich weiß doch gar nicht,ob ich wirklich hingehen und holen darf.Noch andere: Ich laß mir nichts schenken, da bin ich viel zu stolz. Und wieder andere: Ich habe schon alles, was ich brauche.

Lieber Gott, mir tun die Menschen leid, die dir einfach nicht glauben wollen. Mach mich mutig, ihnen von dir zu erzählen.Laß mich ihnen sagen, daß du durch Jesus Christus mit allen versöhnt bist. Amen.

Christus hat die Gemeinde geliebt und sich für sie hingegeben. Epheser 5,25

Nicht nur ich glaube an Jesus. Es gibt noch viele andere die denselben Glauben, dasselbe Vertrauen auf Christus haben. Alle, die an ihn glauben, sind die Gemeinde Jesu. Sie sind die eine, die heilige und christliche Kirche,wie es im Glaubensbekenntnis heißt.

Als Gottes Sohn Mensch wurde, dachte er an diese Gemeinde, diese Kirche.Er gab sein Leben in den Tod, damit sie entstehen könnte. Wer an ihn glauben würde, sollte zur Kirche gehören. An Jesus geglaubt haben aber viele schon, ehe Christus in die Welt kam. Gott hatte ja bereits Adam und Eva zum Glauben an den Heiland gebracht.Seit damals gibt es darum die christliche Kirche. Sie hatte und hat es immer mit dem Heiland, dem Christus Gottes zu tun. Wer an ihn glaubt, gehört zur Kirche. Jesus macht da keinen Unterschied zwischen den Menschen, ob sie schwarz oder weiß sind, rot oder braun oder gelb; ob sie reich oder arm, gelehrt oder ungelehrt, berühmt oder unbekannt sind. Wer an ihn glaubt,gehört zu seiner Kirche. Und weil es nur einen Heiland gibt, gibt es auch nur eine Kirche. Sie heißt nicht nur christlich, sondern auch heilig, weil alle Gläubigen mit Jesu Heiligkeit bekleidet sind.

Lieber Gott, du hast mich sehr lieb.In der Taufe hast du mir den Glauben an Christus geschenkt und mich so in seine Kirche aufgenommen. Hilf, daß ich mein ganzes Leben lang in dir bleibe, und hab Dank für deine Hilfe. Amen.

Ihr seid Gottes heiliges Volk und sollt Gottes Wundertaten weitersagen. 1.Petrus 2,9

Die Kirche ist Gottes heiliges Volk. Ohne Christus gibt es keine Kirche und ohne die Kirche gibt es keine Christen. Da brauche ich nur an mich zu denken. Ich bin getauft, weil es die Kirche gibt. Glieder der Kirche - Eltern und Paten - haben mich taufen lassen. Als ich größer wurde, haben sie mir von Gott und von Jesus erzählt.

Alle Christen sollen weitersagen, was Gott für die Menschen getan hat. Das sind ja Gottes Wundertaten. Gott will, daß allen Menschen geholfen wird, daß alle die Wahrheit des Evangeliums erkennen. Das kann aber nur geschehen, wenn alle Gläubigen überall von der Freude über Gottes Wundertaten sprechen. Wenn man sich über etwas freut, sagt man es weiter. Andere sollen sich mitfreuen. Es gibt aber keine größere Freude als die über Jesus. Daß wir durch ihn zu Gottes Volk, zur Kirche gehören dürfen, ist wirklich das Beste, die schönste Wundertat Gottes. Nun kenne ich aber Leute, von denen ich nicht weiß, ob sie an Christus glauben. Ich habe mit ihnen noch nicht darüber gesprochen.Das ist schlimm,wirklich schlimm.

Vergib mir, lieber Gott, daß ich so gleichgültig bin.Vergib, daß ich die Freude an Jesus für mich behalten habe. Hilf, daß ich deine Wundertaten weitersage. Amen.

Laßt das Wort Christi in reichem Maß bei euch wohnen. Kolosser 3,16

Ob es wohl genügt, wenn ich dann und wann einmal eine Andacht höre, wenn ich nur hin und wieder einmal in der Bibel lese? Was ich nur selten höre, vergeß ich leicht. Wenn ich's aber immer wieder höre, kann ich es gut behalten.Dann kann mich auch keiner irremachen, wenn er mir etwas Falsches über Gott sagt. Das tut vor allem der Teufel nur zu gern. Er sagt, ich brauche es mit Gottes Wort nicht so genau zu nehmen. Es sei nicht so schlimm, wenn ich Gottes Gebote übertrete. Und was die Bibel von Christus sagt,sei auch nicht alles so gemeint, wie es dasteht. Was er, der Teufel, sagt, könne ich aber getrost glauben.

Gegen den Teufel könnte ich mich nicht wehren, wenn ich Gottes Wort nicht in meinen Gedanken hätte. Ohne Gottes Wort könnte ich des Teufels Lügen nicht durchschauen. Mit Gottes Wort kann ich ihn aber verjagen. Jesus hat es so gemacht. Als der Teufel ihn irremachen wollte,hat Christus ihm Bibelsprüche vorgehalten.Da mußte er schließlich abziehen.Wenn ich es wie Jesus machen will, muß ich immer wieder Gottes Wort, das Wort Christi hören.

Lieber Heiland, ich danke dir für unsere Hausandachten. Durch sie wohnst du in meinem Herzen, und der Teufel findet dann keinen Platz darin. Will er aber doch hinein,kann ich ihn mit deinem Wort verjagen. Hilf, daß ich nie ärgerlich werde, wenn Andacht gelesen werden soll. Ich habe sie doch so nötig. Amen.

Laßt das Wort Christi in reichem Maß bei euch wohnen. Kolosser 3,16

Als ich geboren wurde, war ich schon ein richtiger Mensch. Ich hatte einen vollständigen Körper mit der Seele darin und mit dem Verstand. Ich mußte aber noch wachsen, nicht nur körperlich, sondern auch am Verstand.Der mußte immer mehr begreifen lernen von all dem, was es gibt.

Durch die Taufe bin ich ein Christ geworden, aber auch als Christ muß ich wachsen. Immer mehr und besser muß ich den Vater im Himmel und Jesus Christus und den Heiligen Geist kennenlernen. Dazu brauche ich das Wort Gottes.

Mit dem Wachsen als Christ ist es wie mit dem Wachsen einer Pflanze. Die streckt ihre Wurzeln in den Boden und holt die Feuchtigkeit aus der Erde. Mit der Feuchtigkeit bekommt sie aus dem Boden auch all die Stoffe,die zum Wachsen nötig sind. Wenn man eine Pflanze aus der Erde zieht, muß sie vertrocknen. Ohne Gottes Wort würde ich wie eine aus der Erde gezogene Pflanze vertrocknen und aufhören, ein Christ zu sein.Darum muß mein Glaube seine Wurzeln immer tiefer in das Wort Christi strecken. Jeden Tag brauche ich Gottes Wort, wenn ich ein Christ bleiben und als Christ wachsen will.

Lieber Heiland, hilf mir durch dein Wort, ein Christ zu bleiben und dich immer besser kennenzulernen. Amen.

Ich halte mich, Herr, zu deinem Altar, wo man dir dankt und alle deine Wundertaten predigt.

Psalm 26,6.7

Hier in unserem Haus sind wir eine kleine Gottesfamilie. Jesus wohnt ja durch sein Wort bei uns. Mit anderen zusammen bilden wir eine große Gottesfamilie. Mit ihnen gehen wir in die Kirche zum Gottesdienst.Da hören wir von Gottes Wundertaten, von all dem,was Gott für uns getan hat und noch tut.Das wichtigste von allem ist das Evangelium, die gute Nachricht von Christus, unserm Heiland. Die können wir gar nicht oft genug hören, weil sie uns immer wieder in Gott fröhlich macht.

Gottes Wort höre ich in der Kirche nicht nur, wenn aus der Bibel vorgelesen wird. Auch die Predigt über einen Bibelspruch ist Gottes Wort,wie in der Hausandacht auch die Auslegung eines Spruches Gottes Wort ist. "Wer euch hört, der hört mich," das sagt Christus zu allen, die in Predigten und Andachten Gottes Wort recht auslegen.

Zu einem Gottesdienst gehört auch das Gebet. Da reden wir mit dem selben Gott,der in der Predigt mit uns redet. Manche Gebete spricht der Pfarrer (Pastor) allein. Er tut das aber sozusagen als unser Mund, als mein Mund. Darum spreche ich das Amen mit. Wichtig ist beim Beten auch das Danken. Viele Lieder, die wir singen, sind Danklieder.

Lieber Gott, laß mich recht dankbar sein, daß ich immer wieder von deinen Wundertaten hören darf. Amen.

Ihr werdet mit Freuden Wasser schöpfen aus den Heilsbrunnen. Jesaja 12,3

Ein Brunnen ist eine Ansammlung von Wasser in der Erde. Durch eine Leitung kommt das Wasser ins Haus. Das Bild von einem Brunnen, von einer Wasserleitung nützt mir nichts, wenn ich durstig bin, oder wenn ich mich waschen will. Wenn die Bibel nur Brunnen malte, hätte ich auch nichts davon. Gottes Wort ist selber ein Brunnen. Es ist sogar mehr als nur ein Brunnen.

Schon die Taufe ist ein solcher.Da ist der Schmutz der Sünde von mir abgewaschen worden. Die Andacht, die wir jetzt halten, ist ein Brunnen. Ich höre ja von Jesus. Der sagt: "Ich bin das Wasser des Lebens." Genau so ist es, wenn ich in der Kirche die Predigt höre.Da kann mein Glaube trinken und seinen Durst stillen. Wenn ich zu jemandem sage: "Es tut mir leid, daß ich böse war" und er sagt dann: "Ich vergebe dir", dann ist auch da Wasser, das mich von der Sünde reinigt. Wenn das heilige Abendmahl gefeiert wird, fließt auch Wasser aus einem Brunnen Gottes.Die Sünden werden abgewaschen, und der Christ trinkt und wird frisch für ein frommes Leben.

All diese Brunnen werden Heilsbrunnen genannt. Aus ihnen fließt das Heil,das Christus durch sein Sterben und Auferstehen gebracht hat.

Lieber Gott, wie gut meinst du es mit uns. Auf vielerlei Weise machst du uns gewiß, daß uns die Sünden vergeben sind. Ich danke dir und bete dich an. Amen.

Christus setzt Hirten und Lehrer ein. Epheser 4,11

In unserer kleinen Gottesfamilie kann irgend jemand die Andacht halten. Bei der großen Gottesfamilie ist das anders. Dort soll nicht mal der, mal jener predigen. Es soll nicht reihum gehen. Christus hat nicht nur befohlen, daß es in jeder Gemeinde Prediger geben soll. Er setzt auch die Männer in das Amt an jeder einzelnen Gemeinde ein.

Wie macht der Herr Christus das? Er tut es durch die christliche Gemeinde. Diese versammelt sich und bittet Jesus um den Heiligen Geist. Dann wählt sie einen Mann, der für das Predigtamt begabt und ausgebildet ist. Diesen beruft sie als ihren Prediger. Nimmt er den Beruf an,dann ist er Pfarrer der Gemeinde geworden und wird in das Amt der Gemeinde eingeführt.

Solche Männer werden Hirten und Lehrer genannt. Lehrer heißen sie, weil sie die Gemeinde mit der Lehre des Wortes Gottes versorgen sollen. Immer besser soll die Gemeinde Gott erkennen und ihm immer mehr durch ein geheiligtes Leben danken. Und wie ein Hirte für jedes einzelne Schaf seiner Herde sorgt, sollen die Prediger Hirten für die Seelen der einzelnen Gemeindeglieder sein.

Lieber Heiland, ich danke dir, daß auch ich einen Prediger und Seelsorger habe. Laß mich ihn als den Mann ehren, durch den du zu mir redest. Amen.

Die heilige Schrift zeigt den Weg zur Seligkeit durch den Glauben an Christus Jesus. 2.Tim. 3,15

In der Predigt, wie in der Hausandacht, werden Abschnitte der Bibel ausgelegt. Die Bibel ist ein einmaliges Buch. Sie ist das einzige Buch, das mir zeigt, wie ich selig werden kann. Selig bin ich, wenn ich während meines ganzen Lebens in Gott fröhlich bin und nach dem Tod bei Gott sein werde. In Gott fröhlich und selig sein kann ich nur, wenn ich an den Christus Jesus glaube.

Jesus ist der von Gott gesandte Christus. Er ist dazu eingesetzt worden, alle Menschen zu erlösen. Christus bedeutet nämlich: feierlich eingesetzt. Was zur Erlösung der Menschen nötig war,ist von Jesus alles getan worden. Er hat immer nach dem Willen Gottes gelebt, hat aber trotzdem die Strafe gelitten, die wir mit unserem Ungehorsam verdient haben. Er muß die Qual der Hölle aushalten und sterben. Dadurch ist Gott uns gnädig. Wenn ich mich an den Heiland halte, an ihn glaube, bin ich selig.

Die heilige Schrift zeigt wirklich den Weg zur Seligkeit. In ihr steht alles, was ich wissen und glauben muß, um selig zu sein.

Sei gelobt, du gnädiger Gott, daß ich durch dein Wort jetzt schon selig bin und im Himmel bei dir selig sein werde. Amen.

Die ganze heilige Schrift ist von Gott eingegeben.

2.Timotheos 3,16

Die Bibel ist Gottes Buch. Das heißt nicht, daß sie vom Himmel heruntergefallen wäre. Ihre einzelnen Teile sind von Menschen geschrieben worden. Woher wußten diese aber, was sie über Gott und die Menschen schreiben sollten? Aus sich heraus hätten sie nur das geschrieben, was jeder Mensch denkt, nämlich: Wenn Gott freundlich sein soll, muß ich viel Gutes tun; und wenn ich Böses getan habe, muß ich es wieder gutmachen.

Auf diese Weise könnte ich nie in Gott fröhlich werden. Nie wäre ich gewiß, ob ich genug Gutes getan habe, ob ich Böses wirklich ganz gut gemacht habe. Immer müßte ich Angst vor Gott haben. Durch die gute Nachricht von Christus bin ich aber froh geworden, denn er ist mein Heiland, mein Erlöser.

Ein solches Evangelium hätten sich die Schreiber der Bibel nicht selber ausdenken können. Daran merke ich,daß die heilige Schrift Gottes Buch sein muß. Gott hat jenen Männern alles eingegeben, was sie schreiben sollten. Dies Buch Gottes muß man ja gern haben, viel lieber als irgendein anderes Buch.

Lieber Gott, ich kann nicht begreifen,wie du das mit der Eingebung der heiligen Schrift gemacht hast. Ich glaube aber fest, daß die Bibel dein Buch ist. Ich habe ja in ihr meinen Heiland gefunden. Hilf, daß ich dein Wort immer gern höre. Amen.

Zu dem, was ich euch gebiete, sollt ihr nichts hinzutun, aber auch nichts davon wegnehmen.

5. Mose 12,32

Alles, was in der Bibel steht, ist von Gott eingegeben und gilt für alle Menschen.Wenn mir etwas in der Bibel nicht paßt, darf ich nicht sagen: Das geht mich nichts an. Das wäre so, als wollte ich es ausstreichen. Das Böse in mir, mein Alter Adam, will alles ausstreichen, was Gott geboten und verboten hat. Wenn es zum Beispiel heißt, daß Kinder den Eltern gehorchen sollen, sagt er: Das war früher einmal so; heute ist das anders, du hast deinen eigenen Willen und kannst tun und lassen, was du willst. - In der Bibel steht: "Komm in das Gotteshaus, um zu hören." Da sagt mein Alter Adam: Das brauchst du nicht zu tun; die in die Kirche gehen, sind auch nicht besser als du.

Er fügt der Bibel aber auch gern etwas hinzu. Wenn es heißt: "Gott macht und selig", dann sagt er: Das stimmt schon, nur ist es nicht alles.Gott macht blos den Anfang. Eigentlich sind es aber deine guten Taten, die dich selig machen. - Gott möchte,daß ich ihm zum Dank meinen Mitmenschen Gutes tue. Da sagt der Alte Adam: Wenn dir das nicht gelingt, ist das nicht so schlimm; wenn du nur den guten Willen dazu hast.

Lieber Gott,behüte mich vor dem Alten Adam,denn durch ihn redet der Teufel. Hilf mir an deinem Wort so festzuhalten, wie es geschrieben steht. Amen.

Das Gesetz ist durch Mose gegeben;die Gnade und Wahrheit ist durch Jesus Christus geworden.

Johannes 1,17

Die Bibel ist das Buch vom Willen Gottes. Er will zweierlei: Wir sollen in Gemeinschaft mit ihm stehen, und wir sollen nicht sündigen.Daß ich nicht sündigen darf, weiß ich auch ohne die Bibel. Als ich das erste Mal gelogen habe, wurde ich rot, weil mir soviel Blut in den Kopf stieg. Das kam von ganz allein, weil ich weiß, daß Lügen Sünde ist. Das braucht mir keiner erst zu sagen. Ich weiß auch von selber, daß es Sünde ist,wenn ich zu anderen böse bin. Ich habe es ja selber nicht gern, wenn andere zu mir böse sind.Wir Menschen alle wissen, was Gott von uns haben will. Wir vergessen es nur so leicht. Darum muß Gott uns an seinen Willen erinnern. Das hat er getan, als er durch Mose die Zehn Gebote gab, und auch sonst noch an vielen Stellen der Bibel.

Gott müßte mich für meine Sünde bestrafen. Das will er aber nicht. Er will, daß ich in seiner Gemeinschaft stehe. Darum hat er mir in Jesus seine Gnade geschenkt und mich als sein Kind aufgenommen. Dieser gnädige Wille Gottes ist die Hauptsache in der Bibel. Das Evangelium von Christus ist die wunderbarste Wahrheit. Es zeigt mir, wie der heilige Gott mein lieber Vater geworden ist.

Lieber Gott, dein Wort zeigt mir, wie nötig ich einen Heiland habe und daß Jesus mein Heiland ist. Diese wunderbare Wahrheit glaube ich gern. Amen.

Glaubt an das Licht, solange ihr es habt.

Johannes 12,36

Die Bibel ist Gottes Licht. Vor dem Licht seines Gesetzes erschrecke ich, weil es so grell ist und mich blendet. Gottes Licht im Evangelium ist aber angenehm und wohltuend wie das Licht der Sterne nach einem Nachtgewitter mit seinen grellen Blitzen und lauten Donnerschlägen.

Gottes Licht in Christus fing schon zu leuchten an, als Gott mit Adam und Eva freundlich redete. Er versprach ihnen einen Heiland, der dem Teufel den Kopf zertreten würde. Dies liebe Wort Gottes leuchtete in der Sündennacht auf wie ein heller Stern. Dann ließ Gott während vieler Jahrhunderte immer mehr solche Sterne aufleuchten. Immer wieder sprach er zu den Menschen vom Heiland. Als Jesus dann geboren wurde, ging die Sonne auf. Die scheint heute noch, Gott sei Dank.

Seit Adam und Eva haben schon viele an Christus, das Licht der Welt geglaubt. Es gab aber auch solche, die es nicht mehr haben wollten. Kain war so einer. Er ging von dort weg,wo man an Jesus glaubte. Es gibt auch Länder,wo früher christliche Gemeinden waren und heute keine mehr sind. Sie wollten das Licht nicht mehr, und nun scheint es ihnen nicht.Darum ruft Christus: "Glaubt an das Licht, solange ihr es habt."Ihr wißt nicht, ob es euch weiter scheint, wenn ihr es nicht haben mögt. Wollt ihr im Finstern leben?

Herr Jesu, ich freue mich, daß du mir leuchtest. Laß dein Licht mir immer scheinen. Amen.

Weil ihr Kinder seid, hat Gott den Geist seines Sohnes in eure Herzen gesandt; der ruft: "Abba, lieber Vater." Galater 4,6

Durch das Wort Christi bin ich ein Kind Gottes geworden. Ich glaube das, weil Gott es sagt. Er will mich in diesem Glauben ganz fest machen. Darum hat er mir den Heiligen Geist gegeben. Der läßt mich nun mit Gott sprechen.Sagt Gott zu mir: "Du bist durch Christus mein liebes Kind", so antworte ich durch den Heiligen Geist: "Abba, lieber Vater." Das Wort "Abba" heißt auf deutsch "Vater". Gott ist nicht irgendein Vater, sondern mein lieber Vater, weil er mich in Jesus lieb hat. Ein so kurzes Gebet kann auch ein kleines Kind behalten. Es kann die Hände zusammen legen und beten: "Abba, lieber Vater. Amen."

Gott freut sich, wenn seine Kinder zu ihm beten. Er hört es gern, wenn sie ihm sagen, worüber sie sich freuen,oder auch was sie traurig macht. Wenn ein Kind sich weh getan hat, läuft es zu seiner Mutter. Es traut ihr zu,daß sie ihm helfen wird. So kann ich mich im Vertrauen an Gott wenden, wenn ich über etwas traurig bin. Er hat gesagt: "Ich will euch trösten, wie eine Mutter ihr Kind tröstet." Er hört, was ich im Gebet zu ihm sage, und hilft mir.

Gott Vater, ich danke dir, daß du mir den Geist deines Sohnes geschenkt hast. Wie gut tut es,daß ich dir durch den Heiligen Geist alles sagen kann, was meine Gedanken bewegt. Ich bin froh, daß du dann tust, was mir gut ist. Amen.

Die Jünger sagten zum Herrn Christus: "Herr, lehre uns beten." Lukas 11,1

Zwölf Jünger begleiteten Jesus auf seinen Wanderungen durch das Land.Sie waren vielleicht nicht alle jünger als Jesus. Alle aber sollten und wollten von ihm lernen. Das biblische 'Jünger' heißt nämlich 'Lernende'. Sie hatten nach einiger Zeit schon viel von Jesus gelernt. Von einer Sache meinten sie aber, noch besonders viel lernen zu können, nämlich vom Beten. Wenn Jesus beten wollte, war er meistens allein an einen einsamen Ort gegangen, oft auf einen Berg.Darum baten sie ihn, ihnen zu sagen, wie man betet. Sie hatten gewiß schon oft gebetet, wollten es aber noch besser lernen.

Mit dem Betenlernen ist es wie mit dem Sprechenlernen. Ein kleines Kind spricht zuerst nur einzelne Wörter. Dann muß es lernen, zwei Wörter aneinander zu hängen.Dann kommt ein kurzer Satz und viel später erst eine zusammenhängende Rede. So fängt das Beten etwa mit dem Händefalten an.Das kleine Kind merkt, daß die Großen mit jemandem sprechen, den man nicht sehen kann,und daß sie dabei den Kopf nach vorn neigen. Das macht es nach. Später lernt es, "Abba, lieber Vater.Amen" zu sagen. Mit der Zeit kommen andere kleine Gebete dazu. Schließlich lernt es, eigene Gebete zu sprechen.

Lieber Gott, du hörst meine Gebete gern, auch wenn ich dabei noch ungeholfen bin. Ich bin froh, daß ich überhaupt zu dir beten darf. Amen.

DAS VATERUNSER

Jesus sprach: "Ihr sollt so beten: Vater unser im Himmel, dein ist das Reich und die Kraft und die Herrlichkeit in Ewigkeit. Amen." Matthäus 6,9.13

Anfang und Ende des Vaterunsers sind hier aneinandergefügt. Sie sagen etwas über den, zu dem wir beten. Er ist Vater, nicht nur meiner,sondern Vater der vielen, die zu ihm beten. Er ist unser Vater, weil sein Sohn unser Bruder geworden ist. Darum hört er unser beten gern.

Er ist im Himmel. Damit ist im Vaterunser nicht der Himmel gemeint, wo Sonne, Mond und Sterne sind. Mit dem Wort "Himmel" ist das Reich gemeint, von dem am Schluß des Vaterunsers die Rede ist. Es ist der Bereich,wo die heiligen Engel bei Gott sind und die Seelen der im Glauben gestorbenen. Dies Reich ist aber auch dort, wo Gott durch sein Wort bei seinen Kindern ist.

Die ersten Menschen konnten Gott sehen. Als sie in Sünde gefallen waren,konnten sie ihn nur noch hören. Erst zankte Gott sie aus,sagte ihnen dann aber etwas sehr Schönes:er wolle ihnen einen Heiland senden. Das ist Gottes Wunderkraft, daß er Sünder selig macht. Darüber freuten sie sich. Sie glaubten an seine Liebe, wenn sie ihn auch nicht sehen konnten. Sie schmeckten schon etwas von der Herrlichkeit Gottes, die sie im Himmel in alle Ewigkeit ganz erleben würden.

Lieber Vater im Himmel, ich freu mich, daß du durch das Wort Christi bei mir bist. Ich darf im Reich deiner großen Liebe leben. Halt mich in diesem Glauben, bis ich dich einmal sehe, wie du bist. Amen.

Vater unser im Himmel, dein ist das Reich und die Kraft und die Herrlichkeit in Ewigkeit. Amen.

Matthäus 6,9.13

Das Reich der Kraft Gottes ist nicht nur unsichtbar. Auch die Welt ist ein Reich Gottes. Sie ist durch seine Allmacht geworden. Unter dieser Allmacht stehen alle Menschen, auch solche, die von Gott nichts wissen wollen. Er lenkt sie mit seiner Kraft. Sie müssen tun, was er gerade getan haben will. Was er nicht zulassen will, das können sie nicht tun.Als der Herr über alles,will er von allen geehrt werden, ob sie wollen oder nicht. In alle Ewigkeit gehört ihm diese Herrlichkeit.

Zu diesem allmächtigen Gott darf ich beten. Ob er mich auch hört? Hier muß ich bedenken, daß der allmächtige Gott auch allgegenwärtig ist, das heißt: überall zugleich. Er hört alle auf einmal. Er ist nicht wie ein menschlicher Helfer, etwa ein Arzt. Bei dem kann immer nur einer nach dem andern drankommen. Er schickt manchen zu einem andern Arzt. Wenn ein Unfall passiert ist, muß er mitten in der Sprechstunde weg. Gott ist ganz anders. Er hört jeden sofort und alle zugleich. Dabei bringt er nichts durcheinander. Und nichts ist ihm zu schwer. Er wird auch nicht ungeduldig, wenn ich immer wieder zu ihm bete. Er hat ja gesagt, daß ich fleißig beten soll.

Lieber Herr Jesus, du machst mir große Lust,zum Vater im Himmel zu beten. Hilf, daß ich ihm auch danke, wenn er mein Gebet erhört hat. Und wenn ich Amen sage, dann sag auch du dein Amen,das heißt: es soll geschehen. Amen.

Geheiligt werde dein Name. Matthäus 6,9

Wir Menschen haben verschiedene Namen,weil man uns voneinander unterscheiden muß. Bei Gott ist das nicht so. Es gibt ja nur einen Gott. Sein Name soll mir sagen, wie er ist. Gott wird in der Bibel oft der Heilige genannt. Nur er ist der heilige Vater, wie Jesus zu ihm betete. Dieser heilige Name Gottes soll uns geheiligt werden.Christus lehrt uns, Gott um solche Heiligung zu bitten.

Wie kann ich Gottes Namen heiligen? Wenn ich das glaube, was die Bibel von ihm sagt. Nur aus ihr weiß ich, wie Gott ist. Sie ist Gottes ganzer Name. Alles, was die heilige Schrift von Gott sagt, muß ich im Glauben annehmen.Geheiligt wird sein Name auch dadurch, daß vor Gott nur so geredet wird, wie die Bibel es tut. Niemand darf sich selber etwas über Gott ausdenken und es dann gar noch anderen sagen. Dadurch würde Gottes Name entheiligt.Recht glauben und richtig von Gott predigen, so wird sein Name geheiligt.

Dazu muß dann aber auch unser Leben passen. Von uns Christen darf nicht gesagt werden: Die reden viel von Gott,aber nach seinen Geboten fragen sie nicht. Gottes Name soll auch durch ein frommes Leben geheiligt werden.

Lieber Vater im Himmel, laß mich deinen Namen heiligen durch rechten Glauben an dich, durch richtiges Reden von dir und durch frommes Leben. Du hilfst mir bestimmt, denn dein ist das Reich und die Kraft und die Herrlichkeit in Ewigkeit. Amen.

Dein Reich komme. Matthäus 9,10

Gottes Reich ist überall dort, wo er durch sein Wort bei den Christen wohnt. Seit meiner Taufe gehöre ich zu seinem Reich. Gott will aber, daß alle Menschen dazugehören. Christus hat gesagt: "Geht in die ganze Welt und predigt das Evangelium allen Menschen." Noch heute gibt es jedoch viele, die noch nichts von Jesus gehört haben. In vielen Sprachen gibt es noch keine Bibel. Da müssen also Menschen bereit sein, zu andern Völkern zu gehen. Sie müssen aber erst ausgebildet werden. Wenn sie dann in andere Länder gereist sind, müssen sie dort auch wohnen und leben können. Und Kirchen müssen gebaut werden.Das alles muß geschehen,wenn Gottes Reich ausgebreitet werden soll.Das meinen wir mit der Bitte:"Dein Reich komme."

Für all das ist aber auch Geld nötig, viel Geld. Gott läßt es freilich nicht vom Himmel regnen,es muß geopfert werden (so nennt die Bibel alles, was wir Gott geben).Alle Christen sollen das tun, die Geld haben. Auch ich bin gemeint. Wenn ich noch nicht durch Arbeit Geld verdiene,so bekomme ich doch Taschengeld.Davon kann ich für die Mission opfern (Mission heißt:Aussendung).Gott freut sich darüber,auch wenn es noch kein großer Geldschein sein kann.

Lieber Vater im Himmel, laß das Reich Christi überall hin kommen. Mach Menschen willig, sich aussenden zu lassen. Segne alle Gebete und alle Opfer für deine Mission. Dein ist das Reich und die Kraft und die Herrlichkeit in Ewigkeit. Amen.

Dein Wille geschehe,wie im Himmel so auf Erden.

Matthäus 6,10

Im Himmel geschieht nur, was Gott will.Dort sind bei ihm die heiligen Engel und die Seelen der im Glauben Gestorbenen.Die alle stehen im Dienst Gottes und tun nur, was Gott will und was ihm gefällt.

Hier auf der Erde geht aber nicht alles nach Gottes Willen zu. Da sind die vielen gottlosen Menschen. Die tun nur, was ihnen selbst gefällt. Sogar wenn sie Gutes tun, denken sie an sich. Sie tun es nicht zu Gottes Ehre. Sie wollen von Gott geehrt werden.Aber auch wir Christen leben nicht immer nach Gottes Willen.Oft tun wir genau das, was Gott nicht haben will, und tun das nicht, was ihm gefällt. Das kommt daher, daß wir auf das Böse in uns hören, auf unsern Alten Adam. Der ist immer dagegen, daß wir Gottes Willen tun. Er hält sich lieber an den Willen des Teufels. Und wenn wir doch auf Gott hören wollen, dann kommen noch die Gottlosen. Die wollen uns einreden, daß nur die Dummen Andacht halten und in die Kirche gehen. Auch sie wollen verhindern, daß Gottes Wille bei uns geschieht.

Lieber Vater im Himmel,bitte laß mich weghören, wenn der Teufel, die Gottlosen und mein Alter Adam mich von dir weglocken wollen. Ich möchte so gern nur deinen Willen tun. Du wirst mir die Kraft dazu geben, denn dein ist das Reich und die Kraft und die Herrlichkeit in Ewigkeit. Amen.

Unser tägliches Brot gib uns heute. Matthäus 6,11

Ist diese Bitte nötig? Lassen nicht Sonne und Regen die Pflanzen wachsen und mir Nahrung geben? Essen sich nicht auch solche Menschen satt, die keine Christen sind? Sie sagen, das Beten ist überflüssig.

Ich bin ein Christ und denke darum ganz anders. Ich glaube an Gott, der die Welt erschaffen hat. Ich weiß, daß ohne Gottes Allmacht nichts wachsen würde. Deswegen bete ich um Sonnenschein und Regen, daß sie zur rechten Zeit da sind. Ich bitte Gott auch um Segen für Essen und Trinken, damit die Mahlzeit meinem Körper alles geben,was ihn gesund hält.Für diesen Segen danke ich Gott. Darum bete ich vor und nach dem Essen.

Ob ich morgen auch noch zu essen haben werde? Darüber brauche ich mir keine Gedanken zu machen. Ich weiß ja gar nicht, ob ich morgen noch lebe. Ich gebe mich mit dem zufrieden, was ich heute von Gott bekomme.

Zum Leben gehört mehr als Nahrung und Gesundheit. Ich brauche auch Kleidung und Wohnung.Arbeitsplätze sind nötig. Im Land muß Ordnung und Friede sein. An all das denke ich, wenn ich Gott um das tägliche Brot für heute bitte.

Lieber Vater im Himmel, alle guten Gaben kommen von dir. Laß mich immer dankbar sein für deinen Segen. Wenn du mir das eine und andere nicht gibst, will ich dir doch alles Gute zutrauen;denn dein ist das Reich und die Kraft und die Herrlichkeit in Ewigkeit. Amen.

Vergib uns unsere Schuld. Matthäus 6,12

In dieser Bitte geht es um etwas viel Wichtigeres als das tägliche Brot. Was nützt es mir, wenn mein Körper alles bekommt was er braucht, wenn aber meine Seele durch die Sünde verdirbt? Dann komme ich ja mit Leib und Seele in die Hölle.

Leider sündige ich oft, jeden Tag. Ich sündige, weil ich Gottes Gebote übertrete. Gott will aber, daß ich alles in seinen Dienst stelle was er mir gegeben hat. Ich soll ihm dienen mit meinen Gefühlen, Gedanken, Mienen, Gesten, Reden und Taten.Ich soll ihm sozusagen all das wieder zurückgeben, was ich von ihm bekommen habe. Tu ich das,nicht dann habe ich Schulden bei Gott.

Schulden müssen bezahlt werden.Schulden bei Gott kann ich nicht bezahlen und wenn ich noch soviel Gutes zu tun versuche. Gutes muß ich ja sowieso tun, immer. Alle meine Schulden würden unbezahlt bleiben, wenn Jesus nicht gekommen wäre. Er hat sie abgetragen. Nun darf ich Gott um Vergebung meiner Sünden bitten. Wenn ich abends über den ganzen Tag und meine Sünden nachdenke, darf ich im Glauben an den Heiland Gott bitten: Vergib mir meine Schuld.

Lieber Vater im Himmel, ich danke dir, daß du mich wegen meiner Sünden nicht sofort gestraft hast.Du hast mir Zeit gelassen,über meine Schuld zu erschrecken und mit der Bitte um Vergebung zu dir kommen. Um Christi willen vergibst du sie mir, denn dein ist das Reich und die Kraft und die Herrlichkeit in Ewigkeit. Amen.

Vergib uns unsere Schuld, wie auch wir vergeben unsern Schuldigern. Matthäus 6,12

Ich bin fröhlich in meinem Gott, denn er hat mir meine Schuld vergeben.Die Freude darüber erfüllt mein ganzes Denken. Sie ist sogar an meinem frohen Gesicht zu sehen. Jesus zeigt aber, wie man sie mir noch deutlicher anmerken kann. Wie Gott mir vergibt, so soll ich auch vergeben, wenn mir Unrecht getan worden ist.

Vergeben ist gar nicht so leicht. Ich schnappe ein, wenn mir jemand Böses getan hat. Ich sage dann: Wie du mir, so ich dir. Ich füge ihm wieder Böses zu. Zum mindesten bin ich ihm bös und laß es ihm merken. Bittet er mich, ihm wieder gut zu sein, dann sag ich: Vergeben will ich's schon, aber vergessen kann ich's nicht. Das wäre aber keine Vergebung. Vergeben schließt immer das Vergessen ein. Wenn Gott vergibt, sagt er: "Ich denke nicht mehr an deine Übertretung."

Da muß ich an den Unterschied zwischen Gott und meinem Mitmenschen denken. Gott ist der Allerhöchste, und doch hat er mir vergeben. Mein Mitmensch ist meinesgleichen. Seine Sünde an mir wiegt nicht so schwer wie meine Sünde an Gott. Wenn ich ihm nicht vergebe, kann Gott mir auch nicht vergeben.

Lieber Vater im Himmel, ich höre, daß es Sünde ist, nicht vergeben zu wollen. Bitte mach, mich friedfertig, so zu vergeben, wie du mir vergeben hast. Dein ist ja das Reich und die Kraft und die Herrlichkeit in Ewigkeit. Amen.

Führe uns nicht in Versuchung. Matthäus 6,13

Versuchung kann dasselbe sein wie Verführung. Der Teufel,die Gottlosen und mein Alter Adam wollen mich zur Sünde verführen. Da muß Gott mir Kraft geben, den Verführern zu widerstehen. Versuchung kann aber auch so etwas wie ein Test sein. Da stellt Gott meinen Glauben und meine Geduld auf die Probe. Es soll sich zeigen, wie fest mein Glaube ist und ob meine Geduld durchhält.

Wenn ich wissen will, wie fest ein Gummiballon ist, blase ich ihn solange auf,bis er platzt.Wenn Gott meinen Glauben prüft,macht er es aber nicht so. Er läßt ihn nicht kaputtgehen. Er weiß vorher, wieviel mein Glaube aushält, und prüft ihn nicht länger und härter, als nötig ist.

Nicht Gott ist es, der sehen müßte,was mein Glaube aushält. Ich soll es erkennen. Und wenn ich in der Prüfung erlebe, wie fest mein Glaube ist, dann wird er dadurch noch stärker. Darauf hat Gott es abgesehen. Sollte er mich einmal lange Zeit sehr krank werden lassen oder gar nicht wieder gesund, dann macht er bestimmt meinen Glauben und meine Geduld so stark,daß ich auch das aushalten kann.

Lieber Vater im Himmel,behüte mich vor aller Versuchung zum Bösen. Und wenn du mich zum Guten prüfst, dann laß meinen Glauben dadurch immer fester werden. Denn dein ist das Reich und die Kraft und die Herrlichkeit in Ewigkeit. Amen.

Erlöse uns von dem Bösen. Matthäus 6,13

Es gäbe nichts Böses in der Welt, wenn es den Bösen nicht gäbe, den Teufel. Der hat die Sünde in die Welt gebracht. Durch die Sünde ist dann alles andere Böse gekommen:Tod, Schmerzen, Krankheit, Stürme, Überschwemmungen, Blitzeinschlag, Erdbeben. Hinzu kommt das Böse, daß die Menschen einander tun. Viel Not gibt es auf der Erde. Da muß Gott mir helfen,daß ich den Mut zum Leben nicht verliere. Er hilft mir, indem er mich immer wieder an die große Freude erinnert, die ich an Jesus habe. Ich kann in Gott fröhlich sein , auch wenn so vieles in der Welt nicht schön ist. Ich darf ihn aber auch bitten, das Übel von mir zu nehmen. Das tut er, wenn es für meinen Glauben gut ist.

Eines Tages wird Gott mich von allem Bösen ganz und gar erlösen. Das wird sein,wenn ich im Glauben an Christus sterbe. Dann kommt meine Seele zu Gott in den Himmel. Vielleicht läßt er aber noch während ich lebe den letzten Tag dieser Welt kommen. Dann bin gleich mit Leib und Seele bei ihm. Er läßt dann diese Welt mit all dem Bösen in ihr untergehen und baut eine neue, eine ganz schöne Welt.

Lieber Vater im Himmel, du kannst dem Bösen in der Welt wehren, weil du stärker bist. Erlös mich davon soviel wie möglich. Komm bald mit dem lieben Jüngsten Tag und erlös mich von allem Bösem ; denn dein ist das Reich und die Kraft und die Herrlichkeit in Ewigkeit. Amen.

Wenn wir etwas bitten nach seinem Willen,so hört er uns. 1.Johannes 5,14

Was ist denn Gottes Wille? Er will, daß allen Menschen geholfen wird, damit sie selig werden. Dieser Wille Gottes ist ganz klar und durchsichtig. Da gibt es kein Hin-und-her-denken. Zu deutlich ist er in der ganzen Bibel immer wieder beschrieben. Wenn ich Gott hierum bitte, dann darf ich sagen: Lieber Gott, du mußt mich selig machen, denn es ist dein Wille und du hast es mir versprochen.

Für mein Leben auf dieser Erde gibt es auch einen guten und gnädigen Willen Gottes. Der ist aber nicht immer so durchsichtig.Da wundern sich oft Gottes Kinder, warum er nicht tut, worum sie bitten: Etwa die Gesundheit für einen Kranken; oder daß einer sein Examen besteht;oder daß ein anderer in seinem Beruf vorwärts kommt. Erhört Gott denn nicht alle Gebete?Gott macht es mit uns Menschen ähnlich wie Eltern mit ihrem Kind. Das sieht vielleicht ein blitzblankes Messer und will nun das feine Spielzeug haben. Es versteht nicht, warum man es ihm nicht gibt, sondern etwas anderes. Erst später begreift es, daß die Liebe der Eltern dadurch sichtbar wurde.So kann auch Gott mir manchmal nicht das geben, worum ich bitte, weil er selber weiß, daß es mir nicht gut wäre. Gibt er mir etwas anderes dafür, will ich ihm doch danken.

Lieber Vater im Himmel, du gibst mir alles, was ich für meine Seligkeit brauche. Laß mich alles andere ganz in deinen Willen stellen. Du weißt, was für mich am besten ist. Im Himmel werde ich deinen guten Willen ganz und gar verstehen.Amen.

Heilig, heilig, heilig ist der Herr der Heerscharen; die ganze Erde ist voll von seiner Ehre.

Jesaja 6,3

Himmlische Heerscharen, heilige Engel haben dieses Lied gesungen. Der Prophet Jesaja sah und hörte zu. Es fällt mir auf, daß sie das "heilig" dreimal sangen. Das erinnert mich an den Segen, der am Ende jeden Gottesdienstes gesungen wird und in dem es dreimal "der Herr" heißt:Der Herr segne dich und behüte dich; der Herr lasse sein Angesicht leuchten über dir und sei dir gnädig; der Herr hebe sein Angesicht über dich und gebe dir Frieden." Sind da drei Herren gemeint, drei Götter? Das kann nicht sein,weil die Bibel sagt: "Der Herr, unser Gott, ist nur ein Herr." Einer, und doch drei, denn Jesus nennt sie bei Namen: der Vater, der Sohn, der Heilige Geist. Jeder ist Herr, jeder ist Gott- und doch gibt es nur einen Herren, nur einen Gott.

Verstehen kann ich das nicht.Wie sollte ich aber auch den großen Gott durch und durch verstehen können. Dann wäre er ja nicht der Allerhöchste, nicht größer als mein Gehirn. Darum will ich an ihn glauben und ihn anbeten so, wie er ist, wie er sich mir bekanntgemacht hat: als den Drei-Einigen.Ich will mich nicht schämen etwas zu glauben, das ich nicht begreifen kann. Im Glauben will ich nachbeten, was die Engel mir vorgebetet haben.

Du Allerhöchster, Gott Vater, Gott Sohn, Gott Heiliger Geist, ich danke dir, daß ich zu denen gehöre,die dich als den wahren Gott erkennen und ehren. Ich bete dich an als den dreieinigen Gott und liebe dich. Amen.

Ich glaube an Gott, den Vater

Am Anfang schuf Gott Himmel und Erde. 1.Mose 1,1

Himmel und Erde sind von Gott gemacht. Er hat alles aus Nichts werden lassen. Das kann er, weil er allmächtig ist. Im ersten Kapitel hat er aufschreiben lassen, wie er Himmel und Erde und alles, was darin ist, gemacht hat.

Der Himmel ist das riesig große Weltall mit den zahllosen Sternen. Im Weltall ist die Erde winzig klein, kleiner als ein Staubkörnchen, das in einem Fußballstadion schwebt. Die Sonne ist so groß, daß in ihr der Mond um die Erde kreisen könnte und noch viel Raum übrig wäre.

Dennoch ist die Erde bei der Erschaffung der Welt die Hauptsache gewesen. Gott hat alles andere gemacht, damit es für die Erde da ist. Für die Erde? Die im Weltall so winzig klein ist? Jawohl, denn auf der Erde wollte Gott den Menschen erschaffen. Der sollte die Erde, den Himmel und die Sterne sehen und daran Gottes Allmacht und Wunderkraft erkennen. Und er sollte Gott ehren und ihm danken.

Auch ich bin für Gott so wichtig, daß er alles für mich gemacht hat. Das ganze Weltall ist meinetwegen da. Ich soll etwas davon haben. Ich soll mich über die schöne Erde freuen mit den vielerlei Pflanzen und Tieren, den Bergen und Seen und Flüssen. Ich soll über den Sternhimmel staunen, der in der Nacht ohne Wolken und Mondschein besonders schön zu sehen ist. Zu meiner Freude ist er da.

Gott Vater, ich glaube an dich, den Schöpfer Himmels und der Erde, und danke dir für die Freude an deiner wunderbaren Welt. Amen.

In sechs Tagen hat der Herr Himmel und Erde gemacht. 2.Mose 20,11

Gott hat nicht alles auf einmal gemacht. Am ersten Tag schuf er den Baustoff, aus dem er die Welt machen wollte. Dann ließ er es hell werden. Dunkelheit und Helligkeit wechselten von nun an täglich ab. Am zweiten Tag machte er die Lufthülle um die Erde.Am dritten Tag trennte er auf der Erde Wasser und Land und ließ die Pflanzen wachsen. Am vierten Tag machte er Sonne, Mond und Sterne. Von jetzt an kam das Tageslicht von der Sonne her. Am fünften Tag ließ er aus dem Wasser Fische und Vögel hervorkommen. Am sechsten Tag stiegen aus der Erde alle Landtiere heraus. Und dann schuf Gott die ersten Menschen, einen Mann und eine Frau, Adam und Eva. Sie sollten Kinder kriegen, und die Menschen sollten über alles auf der Erde und im Meer herrschen.

Gott hätte die ganze Welt in einem Augenblick schaffen können. Er ist ja allmächtig. Er hat sie aber in sechs Tagen gemacht. Sechsmal ließ er während der Schöpfung Tag und Nacht sich abwechseln. Viele sagen, es wären keine gewöhnlichen Tage gewesen, sondern riesig große Zeiträume.In denen wäre ganz langsam eins aus dem anderen entstanden. Gott muß es aber besser wissen,weil ja er die Welt und alles in ihr gemacht hat. Und er selbst hat aufschreiben lassen, wie er alles gemacht hat. Sollte ich ihm nicht mehr glauben als dem, was Menschen sich ausdenken?

Lieber Gott, mein Schöpfer, du bist allmächtig, und die Bibel ist dein Wort. Ich kann mich auf alles verlassen, was in ihr steht. Erhalte mir den Glauben, daß du in deinem Wort nur die Wahrheit sprichst. Amen.

Gott schuf sich zum Bilde den Menschen, einen Mann und eine Frau. Den Mann formte er aus Erde. Die Frau baute er aus einer Rippe des Mannes. 1.Mose 1,27; 2,7.22

Die Erschaffung der Menschen war Gottes letztes Werk. Er ließ sie aber nicht durch sein bloßes Allmachtswort werden, wie er es bei allen anderen Geschöpfen gemacht hatte. Diesmal hielt er erst Rat ab und beschloß, die Menschen zu machen. Dann knetete er aus Erde die Gestalt eines Mannes und blies ihr durch die Nase das Leben ein. Dann entnahm er dem Mann eine Rippe und baute daraus eine Frau. Wie wunderbar ist das. Gott hat keine Hände und kann doch kneten und bauen. Er hat ja auch keinen Mund und keine Ohren und kann dennoch reden und mich hören.

Wunderbar war nicht allein, wie Gott die Menschen schuf, sondern auch, wozu er sie machte. Sie sollten sein Ebenbild sein: so gut und heilig wie er. Und klug waren sie. Als Adam die Tiere sah,erkannte er sofort die Lebensart eines jeden einzelnen und gab ihnen entsprechende Namen. Als er Eva sah, wußte er gleich, daß sie von ihm genommen war.

Natürlich waren die Menschen nicht allmächtig und allgegenwärtig wie Gott und nicht allwissend. Auch nicht ewig, nicht ohne Anfang wie er. Sie sollten aber ewig leben und nie sterben. Immer sollten sie in Gottes Gemeinschaft und für ihn dasein und immer in gegenseitiger Liebe.

Leider haben die Menschen durch die Sünde Gottes Ebenbild verloren. Durch den Glauben an Jesus wird es aber erneuert, bis es im Himmel wieder vollkommen sein wird.

Lieber Gott, ich danke dir, daß du durch die heilige Taufe dein Bild in mir wieder erneuert hast. Erhalte es in mir durch dein Wort. Amen.

Leben und Wohltaten hab ich von dir, Gott, und deine Aufsicht bewahrt mein Atem. Hiob 10,12

Mein Leben hab ich von Gott. Von ihm kommen aber auch alle Wohltaten, die mich am Leben erhalten. Meistens gibt er mir mehr, als ich wirklich nötig habe. Das tut er, damit ich denen abgeben kann, die wenig haben. Ich darf Gottes Hand sein, durch die er anderen Wohltaten erweist.

Gottes Aufsicht bewahrt mein Atem. Er hat dafür gesorgt, daß Luft zum Atmen da ist.Immerzu muß ich Luft holen, wenn ich am Leben bleiben will. Jeder Atemzug ist ein Geschenk Gottes. Es gibt Menschen, die kriegen nicht genug Luft. Wie ihnen zumute ist, kann ich ausprobieren, wenn ich den Atem lange Zeit anhalte. Da wird mir ganz anders. Wenn ich dann wieder Luft hole, merke ich, wie gut das tut. Gott sieht darauf, daß für Mensch und Tier Luft zum Atmen da ist.

Ohne Luft würden auch keine Pflanzen wachsen können. Und ohne die Pflanzen wäre die Luft nicht gut zum Atmen. Ohne Luft gäbe es dann auch nichts zu essen. Ganz deutlich wird mir, wie wunderbar Gott mich am Leben erhält. Er läßt alles so ineinandergreifen,wie es zum Leben nötig ist. Das kann nur ein allmächtiger Gott zuwegebringen.

Lieber Gott, ich vergesse meistens, wie lieb du mich hast,was du alles für mich getan hast und noch tust.Ich nehme das alles als selbstverständlich hin,als könnte es gar nicht anders sein. Dabei müßte ich dir eigentlich für jeden Atemzug danken.Vergib mir und laß mich dankbar werden. Amen.

Es wird dir kein Übel begegnen, und keine Plage wird deinem Hause nahekommen. Psalm 91,10

Wie soll ich dieses verstehen, wo es in der Welt doch soviel Übel und Plage gibt? Nun, es steht ja nicht da, daß diese Welt eine heile Welt ist. Durch die Sünde sind Übel und Plage in sie gekommen. Sie sollen mich nur nicht treffen.Stimmt das denn aber wirklich? Ich höre doch oft von Not und Leid, erlebe es mitunter auch selber. Sogar die Bibel erzählt von Übel und Plagen, unter denen Menschen gelitten haben. Wie paßt das mit dem Spruch zusammen?

Ich muß darüber nachdenken, was wirklich Übel und Plage ist.Es ist all das,was Menschen nicht in den Himmel kommen läßt, all das, was den Glauben an Jesus zerstört. Das - so sagt Gott - soll mich nicht treffen.Er will mich davor bewahren gerade dann, wenn er einmal Not und Leid über mich kommen läßt.Was Leib und Leben trifft, ist dann nicht schlimm, wenn die Seele keinen Schaden erleidet.

Wundern muß ich mich, wenn mir noch nichts Arges passiert ist oder daß ich nicht öfters einen Unfall hatte.- "Gott sei Dank,daß nichts passiert ist", sagte jemand nach der Rückkehr von einer Reise. "Was ist denn passiert?", fragte die Familie erschreckt."Gar nichts",antwortete er,"auch nicht beinahe etwas. Dafür danke ich Gott."- Vor einiger Zeit fiel ein zweijähriges Kind aus einem siebten Stockwerk und stand unverletzt auf. Auch so kann Gott vorm Übel behüten.

Großer Gott, wie mächtig und wie lieb bist du. Bewahre mich auch weiterhin vor Schaden an meiner Seele. Amen.

Herr, ich bin all deine Barmherzigkeit und Treue nicht wert. 1.Mose 32,10

Warum bin ich all des Guten nicht wert,das von Gott kommt? Er hat doch die ganze Welt für die Menschen gemacht, auch für mich. Wir waren einmal sehr wichtig und wertvoll für Gott, denn er hatte uns zu seinem Bilde gemacht. Dann aber hörten die ersten Menschen auf den Teufel und wendeten sich ab von Gott. Nun waren sie vor ihm nichts mehr wert, noch nicht einmal, daß er mit ihnen redete. Und doch sprach Gott mit ihnen und sagte, daß er ihnen etwas sehr Gutes tun wolle. Er wolle sie wieder in seine Gemeinschaft nehmen. Verdient hatten sie das ganz gewiß nicht.

Auch ich kann mir nichts Gutes von Gott verdienen. Ein anderer hat das für mich getan: Jesus Christus. Durch ihn habe ich das Beste bekommen, was es überhaupt geben kann: Gott ist mein lieber Vater geworden. Er liebt mich wegen seines Sohnes Jesus Christus. Seinetwegen will er mich auch im Himmel bei sich haben.

Darum ist er nun auch in allem anderen treu und barmherzig zu mir. Er versorgt mich mit dem, was für mein Leben nötig ist. In Unglück und Gefahr hält er seine Hand über mir.Immer wieder erlebe ich seine Barmherzigkeit und Treue.

Lieber Vater im Himmel, von mir aus bin ich vor dir wirklich nichts wert. Ich Sünder habe nichts Gutes von dir verdient. Umso mehr muß ich dir danken,daß du mich in Jesus dennoch lieb hast. Du erzeigst mir soviele Wohltaten.Mit meinem ganzen Leben will ich dir danken. Amen.

Ich glaube an Gott den Sohn

Niemand hat Gott je gesehen.Der eingeborene Sohn hat es uns verkündigt. Johannes 1,18

Gott Vater hat einen Sohn. Dieser heißt der eingeborene, weil Gott nur diesen einen Sohn hat. Wie Gott Vater, so ist auch sein Sohn von Ewigkeit da, schon immer, ehe die Welt geschaffen worden ist. Später kam er dann zu uns auf die Erde und wurde Mensch. Außer ihm hat auf der Erde noch keiner Gott jemals gesehen. Weil Jesus aber Gott sieht, hat er uns sagen können, wie Gott ist.

Ohne Jesus wüßte ich von Gott nur, daß er der Schöpfer der Welt ist,daß er auch über mir steht und von mir verlangt, seinen Willen zu tun.Weil ich das aber nicht fertig kriege, muß ich Angst vor Gott haben.Nun ist aber Jesus gekommen und hat gepredigt, daß Gott mich lieb hat. Ja, er hat das nicht nur gepredigt, sondern auch gezeigt, als er am Kreuz für mich gestorben ist. Dazu hatte Gott ihn Mensch werden lassen.

Jesus hat Gottes Liebe verkündigt. Das ist aber nicht erst da geschehen, als er auf der Erde war. Schon vorher hat er diese Predigt von vielen Propheten aufschreiben lassen.Es steht im ersten Teil der Bibel, dem Alten Testament. Als Jesus nach seiner Auferstehung zum Himmel aufgefahren war, ließ er durch seine Apostel die Verkündigung von Gottes Liebe aufschreiben. Im Neuen Testament ist es zu lesen. So ist die ganze Bibel Jesu Botschaft von dem, was Gott durch ihn für mich getan hat.

Lieber Heiland, du selber bist Gottes Liebe. Ich bin so froh, daß Gott durch dich mein lieber Vater ist. Ehre sei dir, Herr Jesu. Amen.

Der Engel sagte zur Jungfrau Maria: "Der Heilige Geist wird über dich kommen, und du wirst Gottes Sohn gebären." Lukas 1,33

Der ewige Gottessohn wollte Mensch werden. In Marias Leib wollte er heranwachsen, bis sie ihn dann gebären würde. Das ließ er ihr durch den Engel Gabriel sagen. Maria war darüber sehr erstaunt. Sie war ja nicht verheiratet, hatte mit Josef, ihrem Verlobten, noch nicht zusammen gelebt. Wie sollte sie dann ein Kind kriegen können? Der Engel sagte ihr,daß sie ihren Sohn vom Heiligen Geist bekommen würde. Nicht Josef sollte der Vater des Kindes sein, sondern Gott selbst.

Das ist ein Wunder, wie es eben nur Gott tun kann. Wie andächtig muß ich werden, wenn ich das höre. Ich will es fest glauben, weil Gottes Wort es sagt.

Jesu Geburt von einer Jungfrau ist nicht nur wunderbar, sondern auch sehr wichtig. Wenn Maria ihr Kind von Josef bekommen hätte, wäre Jesus nicht der heilige Gottessohn, sondern ein Sünder. Dann hätte er mich nicht erlösen können von der Sünde und von der Strafe für meine Sünde. Weil aber Gott selber der Vater von Marias Kind ist, darum ist Jesus ohne Sünde, Der einzige Sündlose unter den Menschen. Darum konnte er für mich alle Gebote Gottes vollkommen halten und mich von der Strafe für meinen Ungehorsam befreien.

Herr Jesus,ich bin dir so dankbar.Du bist Mensch und Gott zugleich. Du hast mich wirklich erlöst, du lieber Heiland. Amen

Jesus Christus, der Gott gleich ist, war Mensch wie jeder andere. Philipper 2,7

Ich muß mir diesen Menschen Jesus, der Gott gleich ist, einmal genau anschauen.Wie irgendein Baby ist er hilflos und muß sich versorgen lassen. Er wächst heran und wird verständig. Von Josef erlernt er das Handwerk eines Zimmermannes. Die Eltern unterrichten ihn nicht nur in Lesen und Schreiben, sondern vor allem in Gottes Wort. Mit zwölf Jahren wird er - wie wir das nennen würden - konfirmiert. Später geht er auf die Wanderschaft. Er läßt sich taufen, obwohl er das nicht nötig hätte. Er zieht von Ort zu Ort, um von seinem Vater im Himmel zu predigen. Dabei bekommt er Müdigkeit zu spüren, in der Mittagshitze Durst, und hungrig wird er.Über Schönes freut er sich, und er weint, wenn er etwas sehr Trauriges erlebt. Besonders traurig ist er darüber, daß so viele ihn nicht mögen, daß einige ihn sogar töten wollen. Durch all das unterscheidet er sich nicht ein bißchen von anderen Menschen.

Dennoch ist er immer zugleich Gott.Manchmal ließ er das deutlich merken,wenn er zum Beispiel die Gedanken von anderen las oder wenn er aus eigener Kraft Tote lebendig machte. Er war aber immer Gott, auch wenn es niemand merkte. Gott lag in der Krippe. Gott wuchs heran und wurde verständig. Gott hatte Hunger und Durst und wurde müde.

Lieber Heiland, du bist der ewige Sohn Gottes und bist mir doch als Mensch gleich geworden. Du hast ausgehalten, was uns Menschen plagt. Wie kann ich dir nur genug dafür danken. Du weißt, daß ich dich lieb habe. Amen.

Pilatus ließ Jesus auspeitschen und befahl, daß er gekreuzigt würde. Matthäus 27,26

Pontius Pilatus war Richter und hatte zu entscheiden, ob jemand bestraft werden mußte.Er merkte bald,daß Jesus unschuldig war und daß die Männer der jüdischen Kirchenleitung auf Jesus nur neidisch waren. Sie hatten Angst, daß die Leute bloß noch auf Jesus hören würden.Nun verlangten sie die Kreuzigung Jesu. Da ließ Pilatus ihn auspeitschen. Er dachte, sie würden sich damit zufrieden geben. Als sie trotzdem die Kreuzigung verlangten, gab er nach und verurteilte den Unschuldigen zum Tode.

Jesus hatte das alles vorausgewußt.Dennoch ging er geradewegs darauf zu: nach Jerusalem,wo die Kirchenleitung war; zum Garten Getsemane, wo der Verräter Judas wartete. Er ging hinein in die Handfesseln der Männer, die ihn gefangen nehmen sollten. Einige Male hatte er seinen Jüngern vorausgesagt, daß er viel leiden und getötet werden müßte. Dazu hatte ihn sein Vater ja in die Welt gesandt.

Kann Gott ein lieber Vater sein,wenn er so etwas von seinem Sohn verlangt hat? Was soll ich dazu sagen? Mich hat Gott so lieb gehabt, daß er zu meiner Erlösung seinen Sohn hat auspeitschen und kreuzigen lassen. Nur so konnte ich von der Sünde und von der Hölle erlöst werden. So viel hat es gekostet.

Heiliger Gott! Mit Staunen und in Anbetung sehe ich dein großes Opfer für mich verlorenen Sünder. Wie lieb mußt du mich trotz meiner Sünde haben! Da muß ich dich doch wieder lieben, von ganzem Herzen. Hilf mir dazu. Amen.

Sie kreuzigten Jesus und mit ihm zwei Übeltäter.

Lukas 23,33

Drei wurden auf dem Hügel Golgatha an ein Kreuz genagelt.Alle drei mußten die furchtbaren Schmerzen aushalten, bis sie endlich sterben konnten. War Christi Tod am Kreuz denn gar nichts Besonderes? Doch, er war ja unschuldig.Nun ist es aber auch sonst schon vorgekommen, daß Unschuldige bestraft wurden. Richter haben sich manches Mal geirrt.

Dennoch war Jesu Leiden einmalig. Es war für ihn an sich schon schlimm genug, daß Menschen ihn wie einen Verbrecher behandelten.Viel schlimmer war aber, daß Gott ihn als den ärgsten Verbrecher aller Zeiten ansah, so, als hätte er all das Böse getan, womit wir Menschen Gott erzürnt haben. Darum durfte der Vater im Himmel seinen Sohn nicht mehr spüren lassen, daß er ihn lieb hat. Der ganze Zorn Gottes über die Sünde kam auf Jesus. Sogar die Schrecken der Hölle mußte er aushalten. Darum schrie er so laut: "Mein Gott, mein Gott, warum hast du mich verlassen?"Warum läßt du mich allein, als wäre ich nicht dein Sohn?

Darum war Jesu Leiden einmalig. Er,Gottes Sohn, litt die Qualen der Hölle. Dadurch hat er aber die ewige Verdammnis abgebüßt, die wir mit unseren Sünden verdient haben. Nun muß keiner mehr in die Hölle, wenn er an Jesus glaubt.

Lieber Heiland, es tut mir sehr leid,daß ich mit meinen Sünden dein schreckliches Leiden verschuldet habe.Ganz traurig bin ich darüber.Und doch darf ich mich freuen.Ich weiß,daß ich nun wirklich erlöst bin. Laß mich nie vergessen, wieviel dich das gekostet hat. Amen.

Jesus neigte sein Haupt und starb. Joh. 19,30

Der Tod ist häßlich und schrecklich. Der so wunderbar gemachte Körper eines Menschen liegt mit einem Mal unbeweglich da. Er sieht und hört nichts mehr, kann nicht mehr denken und reden. Leben und Tod wollen einfach nicht zueinander passen. Daran denke ich, weil auch ich einmal sterben muß. Seit meiner Geburt habe ich ja den Tod wie einen Krankheitskeim in mir.

Bei Jesus war das anders. Weil er kein Sünder war, hatte er den Tod nicht verdient. Der Tod hatte kein Recht auf ihn. Für Jesus mußte der Tod darum besonders schrecklich sein. Im Garten Getsemane kämpfte er mit ihm so heftig, daß er Blut schwitzte. Und nun kam am Kreuz der Augenblick, daß er sterben mußte, er, der Unschuldige.

Noch furchtbarer war dieser Tod, weil Jesus der wahrhaftige Gott und das ewige Leben ist. Hier stirbt der, der schon da war, als es noch keine Welt gab. Gott stirbt.Das ist ganz unbegreiflich. Und doch ist es geschehen. Ja, es mußte geschehen. Der Tod eines bloßen Menschen hätte mir nichts nützen können. Weil am Kreuz aber Gott starb, ist der Tod besiegt.Gottes Tod ist ja stärker als der Menschen Tod.

Ewiger Gott, du hast deinen Sohn für mich sterben lassen.Nun brauch ich mich nicht mehr vorm Tod zu fürchten. Wenn ich einmal sterbe, wird das so sein, als ob ich mich zum Schlafen hinlege. Ich danke dir, lieber himmlischer Vater, für deine große Liebe. Amen.

Sie nahmen Jesu Leichnam und legten ihn in ein neues Grab. Johannes 19,40

Begräbnisse hat es schon immer gegeben. Meistens legt man die Leiche in einen Sarg. Der wird in ein Grab getan und mit Erde zugeschüttet. Im Grab geschieht, was Gott zu Adam sagte, als der zum Sünder geworden war: "Aus Erde bist du gemacht, und du sollst wieder Erde werden." Das heißt: dein Leichnam wird ganz und gar zerfallen und verwesen.

Jesu Leib fing aber nicht zu verwesen an. Gott hat die Verwesung nicht zugelassen, weil sein Sohn ohne Sünde war.Davon stand schon seit langer Zeit in der Bibel geschrieben.Daran dachten aber die Leute nicht, die ihn in das neue Felsengrab legten. Sie waren über seinen Tod so traurig und durcheinander, daß sie ganz vergaßen, was Gott hatte aufschreiben lassen. Als sie Jesus ins Grab legten, gingen ihre Gedanken nur auf die Salbung des Leichnams. Die wollten sie am übernächsten Tag vornehmen, wenn der Feiertag vorüber wäre.Durch die Salbung sollte Jesu Leichnam nicht so schnell verwesen. Sie meinten es wirklich gut, und doch war das Einsalben ganz unnötig.

Jesu Tod am Kreuz war stärker als der Menschen Tod und Grab.Darum werden die Gräber der Christen mit einem Kreuz geschmückt. Dies Kreuz ist wie ein Segen über dem Ort der Verwesung.
Die soll nicht die letzte sein. Darum werden die Friedhöfe auch Gottesacker genannt, aus dem wieder Leben hervorkommen wird.

Lieber Herr Jesus, durch dein Grab hast du unsere Gräber gesegnet. Lob sei dir dafür. Amen.

Christus ist lebendig gemacht worden und ist hinuntergefahren in die untersten Örter der Erde.

1. Petrus 3,18; Epheser 4,9

Ein im Grab gebliebener Jesus könnte mir nicht helfen,auch wenn er nicht verwest ist.Über einen totgebliebenen Jesus könnte ich mich nicht freuen. Gottes Wort sagt aber, daß er wieder lebendig gemacht worden ist. Seine Seele ist aus dem Paradies wieder in seinen Leib zurückgekehrt.

Ehe Jesus aber aus dem Grab ging, fuhr er erst noch hinunter in die Hölle. Sie wird als "die untersten Örter der Erde" bezeichnet. Im Gegensatz zum allerhöchsten Gott ist sie die allertiefste Tiefe, die furchtbare Gottesferne. Dort sind der Teufel, die bösen Engel und die Seelen der Gottlosen. Ihnen erschien Jesus. Der Teufel sollte sehen, daß nicht er Jesus besiegt hatte, sondern daß er besiegt war. Die Gottlosen mußten sich sagen lassen, daß sie an ihrer Verdammnis selber schuld sind, weil sie in ihrem Leben nicht nach Gott gefragt hatten.

Jesu Höllenfahrt war also eine Siegesfahrt. Wer an den starken Erlöser glaubt,braucht keine Bange zu haben,daß er in die Hölle kommt.Er kommt ganz gewiß in den Himmel.

Lieber Heiland, du bist stärker als alle deine und meine Feinde. Bei dir bin ich für immer gut aufgehoben. Ich danke dir. Amen.

Christus ist auferstanden von den Toten.

1.Korinther 15,20

Einmal heißt es in der Bibel: "Christus ist lebendig gemacht worden" und dann wieder: "Er ist auferstanden." Kann beides richtig sein? Ja,weil Christus Mensch und Gott ist. Als Mensch ist er lebendig gemacht worden. Als Gott steht er aus eigener Kraft vom Tod auf, weil er stärker als der Tod ist.

Dann geht er aus dem Grab heraus.Er muß nicht warten, bis jemand den Stein vor dem Eingang zur Felsenhöhle wegwälzt. Er geht vielmehr durch den Fels hindurch. Genauso ging er am Abend trotz verschlossener Fenster und Türen in das Haus, wo seine Jünger versammelt waren.

Ich wäre auch erschrocken,wenn ich damals dort gewesen wäre. Auch ich hätte gedacht, es wäre ein Geist, der nur wie ein Mensch aussieht. Es war aber derselbe Jesus, der gekreuzigt und begraben worden war. Die Jünger konnten ihn anfassen und die Nägelmale sehen und berühren. Es war wirklich Jesus, wie sie ihn all die Jahre gekannt hatten.

Noch ein paarmal ließ er sich während der folgenden Wochen von den Jüngern sehen.Sie sollten sich fest davon überzeugen, daß er auferstanden war. Seine Auferstehung sollte das wichtigste Stück ihrer Predigt sein. Freude durch den Glauben an den Auferstandenen, das ist das Hauptstück im Christentum. Das ist Evangelium, gute und frohe Nachricht.

Lieber Heiland, du bist wirklich von den Toten auferstanden. Wenn ich daran denke, kann ich gar nicht anders als mich freuen. Und du freust dich, daß dein Evangelium mich froh gemacht hat. Amen.

Jesus schied von den Jüngern und fuhr auf zum Himmel. Lukas 24,51

Bei Jesus ist alles wunderbar und unbegreiflich: daß Gott Mensch wurde, daß er leiden und sterben konnte, daß er aus eigener Kraft vom Tod auferstand. Und nun ist auch dies unbegreiflich: eben noch steht er vor seinen Jüngern, redet mit ihnen, hebt die Hände zum Segen, und mit einem Mal schwebt er langsam nach oben, bis eine Wolke ihn vor den Blicken der Jünger verbirgt.

Christus fuhr auf zum Himmel. Das heißt nicht, daß er hinter der Wolke noch eine lange Reise hätte machen müssen. Gottes Himmel ist überall, wo Gott ist, auch dort, wo Jesus gerade noch gestanden hatte. Er hätte sich nur unsichtbar zu machen brauchen und wäre leibhaftig schon im Himmel gewesen. Er fuhr aber sichtbar auf,damit seine Jünger die Himmelfahrt bezeugen konnten. Als sie ihn nicht mehr sahen, sagten ihnen zwei Engel, er werde erst am Jüngsten Tage wieder zu sehen sein.

Als der ewige Gottessohn war Christus nun wieder in den Bereich zurückgekehrt, von wo er in die Welt gekommen war. Als Sohn der Maria ist er der einzige Mensch, der es sich verdient hat, in den Himmel zu kommen. Das hat er auch mir zugute getan. Wo mein Heiland jetzt ist, soll ich auch einmal hinkommen.

Lieber Heiland, ich glaube es, daß du in den Himmel eingegangen bist. Das steht ja in der Bibel. Ich freue mich, daß du mich einst zu dir holen wirst. Amen.

Christus ist aufgefahren über alle Himmel um überall zu sein. Epheser 4,10

Gibt es denn über allen Himmeln noch etwas? Etwas Erschaffenes nicht, aber jemanden, nämlich Gott. Er ist größer als seine Schöpfung. Er muß größer sein, sonst wäre die Schöpfung ihm gleich. Gott ist auch dort noch, wo keine Sterne mehr sind, wo die Welt zu Ende ist. Vom Weltall sagte der König Salomo einmal zu Gott:"Der Himmel und aller Himmel Himmel können dich nicht umfassen."

Christus ist über alle Himmel aufgefahren, um wirklich überall zu sein, auch überall auf der Erde. Zu allen Gläubigen sagt er: "Siehe, ich bin bei euch alle Tage bis an der Welt Ende." Ich bin bei jedem von euch, wo er auch immer ist. Das ist ja viel besser als damals während seines Lebens auf der Erde. Da war er jeweils nur an einer bestimmten Stelle. Heilte er in einer Ortschaft Menschen, so blieben sie woanders krank.Predigte er an einem Ort vom Himmelreich, so mußten sie woanders warten, bis er zu ihnen kam.

Jetzt ist der Herr Christus überall. Er ist hier bei mir. Er ist in unserem Haus, in unserer Gemeinde. Er ist aber auch bei Christen,die einsam sind, in einem Krankenzimmer oder in einer verlassenen Gegend der Erde. Wo auch immer das Wort von ihm geglaubt wird, da ist er.

Lieber Heiland, es ist wunderbar, daß ich an dich glauben darf und daß du überall bei mir sein willst. Amen.

Der Herr sitzt zur rechten Hand Gottes.

Markus 16,19

Was soll ich mir bei diesem Spruch denken? Im Himmel steht doch kein Stuhl, und Gott hat keine Hände, weil er ein Geist ist. Wenn die Bibel von himmlischen Dingen redet, muß sie Bilder und Vergleiche gebrauchen. Sonst könnte ich es nicht verstehen. Hier ist nun so ein Gleichnis. Wenn jemand geehrt werden soll, gibt man ihm den Platz an der rechten Seite.Gott ehrt also seinen menschgewordenen Sohn.

Die rechte Hand,der rechte Arm ist auch ein Bild der Kraft - die meisten Menschen sind ja Rechtshänder. Gottes Kraft ist die Allmacht. Christus sitzt zur Rechten Gottes,das heißt:jetzt gebraucht er seine Allmacht immerzu, nicht nur dann und wann, wie bei seinen Wundern auf der Erde.Auch mit seiner menschlichen Natur gebraucht er die Allmacht und regiert die ganze Welt. Ohne ihn würde die Sonne nicht scheinen und würde nichts wachsen. Ohne ihn könnte ich nicht leben und nichts tun.

Wichtiger ist dem Herrn Jesus aber seine Kirche auf der Erde. Die Welt wäre gar nicht mehr da, wenn es die Kirche nicht gäbe. Christus ist der Herr der Kirche. Er regiert sie mit seinem Wort, mit dem Evangelium von der Erlösung.Dieses Wort ist so mächtig, daß es den Glauben an ihn in unserem Herzen schafft. Auch bewahrt es diesen Glauben, wenn der Teufel und die Gottlosen ihn zerstören wollen. Jesus Christus ist mit seinem Wort mächtiger als die Feinde seiner Kirche.

Lieber Heiland, du starker Herr, du bist mit deinem Wort immer bei deiner Kirche. Darum kann sie nicht untergehn. Auch bei mir bist du. Hab Dank. Amen.

Jesus wird wiederkommen als Richter der Lebendigen und der Toten. Apostelgeschichte 1,11; 10,42

Jesus wird wieder sichtbar werden, sichtbar für alle Menschen. Das wird an dem Tag geschehen, an dem die Welt untergeht und einer neuen Welt Platz macht.

Dann werden alle Menschen vor ihm versammelt. Alle, die seit Adam gestorben sind, werden lebendig gemacht. Er wird über alle Gericht halten. Bei diesem Gericht geht es darum, wie die Menschen sich während ihres Lebens zu Christus verhalten haben. Es kommt darauf an, ob sie aus Liebe zum Heiland Gutes getan haben oder ob sie sich mit ihren Taten vor Gott rühmen wollten.

An diesem letzten Tag der Welt, dem Jüngsten Tag, kann keiner mehr zum Glauben kommen. Es ist zu spät.Es wird nur noch das Urteil verkündigt: schuldig oder nicht schuldig. Die Schuldiggesprochenen müssen von Christus weggehen in die ewige Verdammnis. Die Freigesprochenen gehen mit ihm in das ewige Leben in der neuen Welt.

Herr Jesus, du kamst als Heiland auf die Erde und kommst als Richter wieder. Noch ist der letzte Tag dieser Welt nicht da. Noch ist es nicht zu spät für den Glauben an dich.Ich danke dir, daß du mir von diesem Tag sagst. Du willst ja nicht, daß ich verdammt werde. Hilf mir, daß ich gläubig bleibe und laß mich aus Liebe zu dir viel Gutes tun. Hilf mir und allen Christen, daß wir den anderen von dir erzählen, damit auch sie in das ewige Leben der neuen Welt kommen. Amen.

Ich glaube an den Heiligen Geist

Der Heilige Geist ist Gott. Apostelgeschichte 5,3.4

Unter dem Heiligen Geist kann ich mir nur schwer etwas vorstellen. Wenn die Bibel von Gott dem Sohn redet, dann denke ich an den von Maria geborenen Jesus Christus, der einige Jahrzehnte lang auf unserer Erde gelebt hat. Auch unter Gott Vater kann ich mir etwas vorstellen, eben weil er Vater heißt und sich wie ein Vater über Kinder erbarmt. Daß er und sein Sohn Personen sind,kann ich mir ein wenig zusammendenken.Mit dem Heiligen Geist ist das anders. Als Jesus seinen Jüngern den Heiligen Geist gab, da hatte er sie angehaucht mit einem Atemstoß.Als er vom Wirken des Geistes in der Taufe sprach, verglich er es mit dem wehenden Wind. Als der Heilige Geist zu Pfingsten auf die Jünger kam, wehte ein Sturm durch die Straßen Jerusalems.
Dennoch ist der Heilige Geist keine Sache,sondern ein Jemand. Das wird aus der Geschichte deutlich, die in der Apostelgeschichte Kapitel 5 steht. Da sagte Petrus zu Ananias:"Wie kannst du nur den Heiligen Geist belügen.Mit ihm hast du doch Gott selber belogen."Es ist also gar nicht so wichtig, ob ich mir unter dem Heiligen Geist eine Person vorstellen kann. Das konnten Petrus und Ananias auch nicht. Was Petrus aber vom Heiligen Geist sagte, war gerade so, als hätte Jesus selbst es gesagt. Petrus redete ja als Apostel Jesu Christi. Er mußte aber selber glauben, was er sagte. Er konnte es nicht mit seinem Verstand begreifen.
So will auch ich es halten. Die Bibel sagt, daß der Heilige Geist Gott ist. Das will ich glauben, ob ich es begreifen kann oder nicht. Ich glaube ja der Bibel alles, was sie sagt, weil ich in ihr meinen Heiland gefunden habe.

Heiliger Geist, du weißt,wie schwer es mir fällt, dich zu begreifen. Ohne Glauben ist es ganz unmöglich. Ich bitte dich: stärke meinen Glauben, daß ich dich als den wahren ewigen Gott erkenne und anbete. Amen.

Der Heilige Geist hat uns durch die Taufe noch einmal geboren werden lassen und neu gemacht.
Titus 3,5

Durch meine Geburt bin ich auf die Welt gekommen,und ich lebe seitdem mit anderen Menschen zusammen. Mit all den anderen gehe ich aber zugleich auf den Tod zu. Durch Adam, den ersten Menschen,ist ja die Sünde in die Welt gekommen. Wegen der Sünde müssen aber alle Menschen sterben. So ist durch die Sünde aus einer Welt des Lebens eine Welt des Sterbens, des Todes geworden.
In diese durch die Sünde verdorbene Welt bringt der Heilige Geist durch die Taufe ein neues,ganz anderes Leben. An jedem Menschen will er das tun. Er will ihn noch einmal geboren werden lassen und ihn neu machen. Das heißt nicht, daß der Mensch noch einmal von seiner Mutter geboren werden soll. Das geht ja gar nicht. Es ist bildlich gemeint. Nicht der ganze Körper wird noch einmal geboren, sondern in ihm wird etwas neues geboren, etwa, das vorher nicht in ihm war. Die Bibel nennt es den Neuen Menschen.Der ist das Gegenteil vom Alten Menschen, vom Alten Adam, den jeder von seinen Eltern erbt. Der Alte Adam tut immer nur, was er selber gern hat.Der Neue Mensch aber tut, was Gott will, was in den Zehn Geboten steht. Das tut er gern.
Mit diesem Neuen Menschen ist wieder echtes Leben in die Welt gekommen. Darüber freut sich Gott, denn er hatte ja am Anfang die Welt zum Leben und nicht zum Tod geschaffen.

Gott Heiliger Geist, du bist der Gott des Lebens. Ich danke dir, daß du auch in mir durch die Taufe das neue Leben geschaffen hast. Erhalte es in mir durch den Glauben an das Evangelium von Jesus Christus. Amen.

Während Petrus predigte, kam der Heilige Geist zu allen, die das Wort andächtig hörten. Apg.10,44

Petrus predigte, das heißt, er erzählte seinen Zuhörern von Christus. Von Christus erzählen ist nicht so etwas, wie Märchen und Geschichten erzählen. Die können ganz spannend sein. Sie handeln aber nur von Menschen, wie auch ich einer bin. Obendrein sind sie nur ausgedacht. Petrus erzählt aber von einem, der wirklich gelebt hat, von dem Jesus von Nazareth. Der ist jedoch zugleich Gott und Herr über alles. Darum ist er vom Tod wieder auferstanden und hat so den Teufel besiegt. Darum wird er am Jüngsten Tag wiederkommen und über alle Menschen Gericht halten.

Wenn von Christus erzählt oder gepredigt wird, kommt der Heilige Geist zu jedem, der aufmerksam und andächtig zuhört. Durch das Evangelium zündet er in seinem Herzen den Glauben wie ein Licht an. Wer diesen Glauben bekommt, sagt zu Jesus: Du bist mein Heiland und hast mich von der Gewalt des Teufels erlöst. Du hast mir die Vergebung meiner Sünden erworben. Du bist mein Herr, dem ich gehöre und dem ich in Heiligkeit diene, so gut es nur geht.

Auf dieselbe Weise ist der Heilige Geist überall am Werk, wo Menschen das Wort Gottes hören oder lesen. Gott hat versprochen, daß die Predigt von Christus nicht ohne Segen sein wird. Wo das Evangelium verkündigt wird, sind ganz gewiß Menschen, die an Jesus glauben.

Gott Heiliger Geist, ich bin froh, daß du durch das Wort Christi auch zu mir gekommen bist und noch immer kommst. Hilf, daß ich am Wort und am Glauben ganz fest halte. Amen.

Wir alle sind durch den einen Geist zu dem einen Leib getauft. 1.Korinther 12,13

Dies Wort schreibt Paulus an die Christen in der Stadt Korinth. Er selbst wohnte gerade bei den Christen in einer anderen Stadt, weit weg von Korinth. Dennoch gehören sie alle zusammen und bilden das Wir im Spruch des Apostels. Wir alle gehören zueinander, ob wir uns persönlich kennen oder nicht. Wir alle sind so eng miteinander verbunden wie die vielen Gliedmaßen und Teile eines Körpers.

Das ist heute noch so. Alle Christen gehören zusammen, wo auch immer sie auf der weiten Welt leben. Der Heilige Geist hat sie miteinander verbunden zu ein und demselben Leib. Durch das Evangelium und die Taufe hat er das getan. Zu ihnen allen sagt die Bibel: "Ihr seid der Leib Christi."Man kann auch sagen:ihr seid die christliche Gemeinde, die christliche Kirche. Was alle zusammenschließt, ist der Glaube an den Sohn Gottes, der Mensch geworden ist und uns erlöst hat.

Der Leib Christi, die christliche Kirche, kann nicht aufhören dazusein, weil der Herr Jesus immer und ewig da ist. Er hat einmal gesagt:"Ich will meine Kirche bauen, und auch die Mächte der Hölle können sie nicht vernichten."

Gott Heiliger Geist, durch dich gehöre auch ich zur Kirche, zum Leib Jesu Christi. Durch dich bin ich mit allen Gläubigen ganz eng verbunden. Laß mich immer ein Gliedmaß am Leibe Christi bleiben und laß mich dir dafür von Herzen danken. Amen.

Jesus sprach zu seinen Jüngern: "Nehmt hin den Heiligen Geist: Wem ihr die Sünden vergebt, dem sind sie vergeben." Johannes 20,22.23

Vergebung der Sünden ist nur möglich, weil Gott gnädig ist. Er sagt von uns: "Ich will ihre böse Tat vergeben und nicht mehr an ihre Sünde denken." Gott ist gnädig, weil sein Sohn für alle Menschen gestorben ist. Am Kreuz hat er die Strafe für unsere Übertretungen gelitten und unsere Schuld bezahlt. Wer sich an Christus hält, hat durch den Glauben Vergebung seiner Sünden.

Diese Sündenvergebung wird in der Bibel auch Rechtfertigung genannt. Gott sagt zum Sünder: Du bist gerecht, weil ich deine Sünde nicht mehr sehe; ich habe sie vergeben und vergessen. Die Rechtfertigung des Sünders ist aber nicht ohne weiteres möglich. Sie geschieht allein aus Gottes Gnade, allein wegen Christus, allein durch den Glauben an Jesus.

Die Macht,Sünden zu erlassen,hat der Herr Christus allen Gläubigen gegeben. Sie alle haben ja in der Taufe den Heiligen Geist empfangen. Wo Christen sind, da sollen sie durch das Evangelium Sünden vergeben. Diese Vergebung, diese Rechtfertigung ist genauso gültig, als hätte Gott selbst sie ausgesprochen.

Gott Heiliger Geist, du machst mich fröhlich in meinem Gott, denn auch mir vergibst du durch das Evangelium meine Sünden. Dankbar bete ich dich an und lobe dich. Amen.

Gott wird eure sterblichen Leiber lebendig machen, weil sein Geist in euch wohnt. Römer 8,11

Der Heilige Geist ist in mein Herz eingezogen, als ich getauft wurde. Mit ihm hat in mir ein neues Leben angefangen. Dadurch ist auch mein Leib geheiligt. Er ist Gottes Tempel geworden, Wohnung des Heiligen Geistes. Der Heilige Geist in mir macht es gewiß, daß mein Leib nach dem Tod wieder lebendig wird. Gott wird mich auferstehen lassen durch den Heiligen Geist. Am Jüngsten Tag wird das geschehen.

Davon heißt es in der Bibel: "Alle, die in den Gräbern sind, werden die Stimme des Sohnes Gottes hören und werden hervorgehen, entweder zum Leben oder zum Gericht." Gott weiß einen jeden zu finden, wo sein Leichnam auch sein mag: in der Erde oder im Meer oder vielleicht auch im Weltraum. Der allmächtige Gott hat die Welt aus Nichts geschaffen. Dann wird er auch die Verwesungsstoffe eines jeden Menschen wieder vereinigen und neu beleben können.

Alle, die gestorben sind,werden wieder lebendig. Entweder kommen sie in das Gericht, wo sie zur Strafe in der Hölle verurteilt werden, oder sie gehen in das ewige Leben mit dem dreieinigem Gott.

Gott Heiliger Geist, ich danke dir, daß du durch das Evangelium in mir wohnst. Dadurch hast du mich gewiß gemacht, daß ich zum ewigen Leben auferstehen werde. Laß mich dir dafür sehr dankbar sein. Amen.

Wir warten auf einen neuen Himmel und eine neue Erde nach des Herrn Verheißung. 2.Petrus 3,13

Es wird ein ewiges Leben geben, das ist gewiß wahr. Wie es sein wird, kann ich mir nicht vorstellen. Ganz gewiß wird es kein in der Luft Herumschweben sein mit ununterbrochenem Halleluja-Singen. Es wird schöner sein als das Schönste, das ich mir ausdenken kann. Gott hat den Gläubigen etwas vorbereitet, das noch nie in eines Menschen Sinne gekommen ist. Auf der neuen Erde unter dem neuen Himmel wird alles ganz anders sein als hier auf der Erde.

Ich selbst werde ja auch ganz anders sein als jetzt. Im Himmel gibt es keine Sünde und darum auch nichts mehr, was von der Sünde herkommt. Es gibt kein Sterben, auch keine Schmerzen, kein Weinen. Mein Leib wird ganz vollkommen sein. Es wird verklärt werden, das heißt so wunderbar wie Jesu Leib nach seiner Auferstehung.

Das alles kann gar nicht anders sein, weil es ein Leben bei Gott sein wird. Da werde ich meinen Heiland sehen, wie er jetzt mit seinem verklärten Leib ist. An ihm werde ich aber noch die Narben von seiner Kreuzigung sehen. Die werden mich in alle Ewigkeit daran erinnern, daß ich durch sein Leiden und Sterben in den Himmel gekommen bin. Ewig werde ich ihn dafür loben.

Gott Heiliger Geist, dir verdanke ich den Glauben an meinen Heiland und die Hoffnung auf das ewige Leben. Laß mich schon jetzt mit Leib und Seele dankbar sein. Amen.

Die Zehn Gebote

Der Herr verkündigte euch die Zehn Gebote.

5.Mose 4,13

In den Zehn Geboten steht, was ich tun und lassen soll. Sie sind Gottes Befehl an mich. Er sagt zu mir: "Du sollst neben mir keine anderen Götter haben. Du sollst den Namen des Herrn deines Gottes nicht mißbrauchen. Du sollst den Feiertag heiligen. Du sollst deinen Vater und deine Mutter ehren. Du sollst nicht töten. Du sollst nicht ehebrechen. Du sollst nicht stehlen. Du sollst gegen deinen Nächsten kein falsches Zeugnis ablegen. Du sollst kein Verlangen haben nach deines Nächsten Haus, Frau, Arbeiter oder was er sonst hat."

Bei jedem Gebot merke ich, daß ich es nicht so halten kann, wie es sein sollte. "Guck mal in den Spiegel", sagt man mir wohl, wenn mein Gesicht schmutzig ist. "Schau in die Gebote", sagt Gott, "dann siehst du, wie schmutzig du von der Sünde bist." Die Flecken der Sünde sind aber so fest an mir wie das Schwarze im Fell einer Katze. Da hilft kein Putzen. Schmutzig darf ich jedoch vor Gott nicht hintreten. Ich passe X zu ihm, denn er ist rein und heilig. Was soll werden?

Was ich nicht fertig kriege, das hat Gott zuwege gebracht. Er sagt zu jedem Sünder: "Laß dich taufen und deine Sünden abwaschen."Ich bin gottlob getauft. Christus hat mich reingewaschen. Wenn ich in das Evangelium schaue,seh ich mich so rein und heilig, wie der Herr Jesus ist. Er hat die Gebote für mich gehalten und meine Sünden gebüßt.

Ach Gott, wie lieb hast du mich durch deinen Sohn, meinen Heiland. Hilf mir,daß ich dich von Herzen liebe. Amen.

* nicht

Dankt Gott durch den Herrn Jesus mit Worten und mit Werken. Kolosser 3,17

Gott hat mich durch seinen Sohn von allen Übertretungen seiner Gebote reingewaschen.Dafür möchte ich ihm dankbar sein. Wie kann ich ihm meinen Dank zeigen? Es ist gewiß nicht allein damit getan, daß ich "Gott sei Dank" sage und ein Gefühl der Dankbarkeit habe. Ich will ihm mit meinem ganzen Leben danken, mit allem, was ich denke, rede und tue.

Woher weiß ich aber, was ich denken, reden und tun soll? Dafür muß es doch eine Regel geben. In meinem Tagesablauf tue ich vieles nach Regeln: wie ich Mitmenschen grüße,wie ich mich bei Tisch benehme, wie ich mein Zimmer in Ordnung halte, wie ich meine Aufgaben zu machen habe,wie jede Arbeit zu tun ist. Es ist gut, daß es solche Regeln gibt, sonst würde alles unordentlich.

Gott hat mir eine Regel gegeben, wie mein ganzes Leben ein Dank sein kann für seine Liebe zu mir. Diese Regel sind die Zehn Gebote.An Ihnen kann ich ablesen, wie meine Gedanken sein sollen und das, was ich rede und tue. Alles, was Gott an mir gefallen kann, steht in seinen Geboten.

Lieber Gott, ich bin froh, daß du mir sagst,was dir gefällt. Hilf mir, es auch zu tun. Amen.

Durch die Liebe wird das Gesetz erfüllt.

Römer 13,10

Gott selber ist die Liebe. Das hat er gezeigt, als er mir seinen Sohn als Heiland sandte. Wenn ich der Liebe Gottes gefallen will, muß auch ich lieben. Der Apostel Johannes sagt:"Laßt uns lieben, denn er hat uns zuerst geliebt." Wen soll ich lieben? Jesus sagt: "Du sollst lieben Gott deinen Herrn von ganzem Herzen, von ganzer Seele, von allen Kräften und von ganzem Gemüt." Alles in mir soll sich Gott zuwenden. Wie mein Körper überall von Blut durchströmt ist, so soll ich ganz und gar von Liebe zu Gott erfüllt sein. Das ist die erste Regel für mein Leben.

Die zweite lautet nach Christi Worten: "Du sollst deinen Nächsten (das heißt: deinen Mitmenschen) lieben wie dich selbst." Er erklärt sie so: "Tut den andern all das,was ihr von ihnen gern habt." Das klingt so einfach, daß ich fragen muß,warum ich es nicht immer tue. Das kommt daher, daß in mir noch soviel Selbstliebe steckt. Da erwarte ich von anderen Gutes ohne daß ich ihnen Gutes tue. Wenn ich aber daran denke, wie sehr Gott mich geliebt hat,dann wird mein Inneres mit Liebe erfüllt. Dann liebe ich Gott und ihm zur Freude auch meinen Mitmenschen. Dann helfe ich meinen Nächsten, wenn er Hilfe braucht.Ich weiß ja, wie gut es tut, wenn jemand mir hilft. Wenn ich an Gottes Liebe zu mir denke, dann tue ich sogar denen Gutes, die mir Böses tun.

Mein Gott, du hast mich sehr lieb. Hilf, daß ich dich wieder liebe und daß ich meinen Nächsten so liebe wie mich selbst. Amen.

Ich bin der Herr, dein Gott. Du sollst neben mir keine anderen Götter haben. 2. Mose 20,2.3

Es klingt eigenartig, wenn in diesem Gebot von anderen Göttern die Rede ist. Ich weiß doch und glaube fest, daß es nur einen Gott gibt. So ist es wirklich. Nun steht aber gar nicht da,daß es andere Götter gibt. Ich soll nur keine anderen haben,d.h.ich soll nichts zu einem Gott machen. Das tue ich aber, wenn ich Gott nicht von ganzem Herzen liebe. Dann bleibt in meinem Herzen Platz für anderes, das ich dann genauso liebe wie Gott, vielleicht sogar mehr als Gott.
Wenn ich lieber ein Spiel machen möchte, anstatt in der Andacht über Gott nachzudenken, dann ist mir das Spiel wichtiger als Gott. Wenn ich am Sonntagmorgen statt in die Kirche zu gehen ,lieber lange schlafe und anschließend gemütlich Kaffee trinke, dann stelle ich meine Gemütlichkeit über Gott. Oder da ist jemand, der zu mir sagt, ich soll etwas Unrechtes tun, sonst werde er es mich spüren lassen. Wenn ich's dann tue,fürchte ich ihn mehr als Gott. - Oder ein Arzt sagt:"Verlaß dich nur auf mich; ich mach dich schon wieder gesund." Wenn ich dann vergesse, daß der Arzt mir ohne Gottes Segen nicht helfen kann, dann traue ich ihm soviel zu, wie ich Gott zutrauen soll. - Wenn ich mit einem Kettchen irgendetwas am Hals trage, um vor Unglück beschützt zu sein, dann mache ich so einen Talismann zum Gott.
Das alles - und noch mehr - heißt:andere Götter haben. Die Bibel nennt sie aber Götzen, weil sie in Wirklichkeit keine Götter sind. Sie werden von uns Menschen nur dazu gemacht und an Gottes Stelle gesetzt.

Mein Herr und Gott, wenn ich dich vergesse,mach ich mir lauter Götzen. Hilf mir, dich um Christi willen mehr zu lieben als alles andere.Du kannst die Sünde nicht leiden. Darum hilf mir,dich mehr zu fürchten als alles andere. Und laß mich dir über alles vertrauen. Amen.

Du sollst den Namen des Herrn, deines Gottes, nicht mißbrauchen. 2. Mose 20,7

Ich habe es gar nicht gern,wenn jemand mit meinem Namen Witze macht oder ihn gar zu Spottversen benutzt.Das tut mit persönlich weh,denn mein Name ist wie ein Stück von mir selber.Daran soll ich denken, wenn ich Gottes Namen in den Mund nehme. Bei ihm ist es allerdings noch ganz anders. Sein Name ist nicht nur wie ein Stück von ihm, sondern Gottes Name ist Gott selber.
Nur zu leicht kann Gottes Name mißbraucht, d.h. unrecht gebraucht werden. Es geschieht immer dann, wenn ich ihn nenne ohne an Gott zu denken. Da sage ich etwa: "Gott,wie spaßig ist das" oder: "Mein Gott bin ich erschrocken" oder beim Versteckspielen: "Gott sei Dank haben sie mich nicht gefunden." Gott hört das alles und sieht in meinem Herzen, daß ich dabei gar nicht an ihn gedacht habe. Sein Name war wie irgendein Wort, das von meinen Lippen kam. Das kann Gott unter keinen Umständen leiden. Da wird er nicht nur traurig über mich. Er wird zornig. Er sagt ja: "Der Herr wird den nicht ungestraft lassen, der seinen Namen mißbraucht."
Wenn ich Gottes Namen in den Mund nehme, soll es immer wie ein Gebet sein. Halt! - nicht nur wie ein Gebet, sondern wirklich ein Gebet, entweder eine Bitte oder ein Lob oder ein Dank. Ganz andächtig will ich das tun und achtgeben, daß meine Gedanken beim Beten bleiben. Sonst würden ja meine Lippen plappern. Dann könnte ich ja gleich ein Tonband, eine Cassette mit einem Gebet laufen lassen, während ich mich mit irgendjemandem unterhalte.

Mein Herr und Gott, vergib mir, daß ich deinen Namen so oft mißbraucht habe. Hilf mir, ihn immer ganz andächtig zu nennen in gläubigem Gebet. Amen.

Du sollst den Namen des Herrn, deines Gottes, nicht mißbrauchen. 2. Mose 20,7

Gottes Name wird mißbraucht, wenn man ihn gegen seinen Willen benutzt. Ein Beispiel: Gegen Krankheiten hat Gott in die Natur Heilkräfte für Arzneien gelegt, und den Ärzten gibt er Weisheit für die rechte Anwendung von Arzneien. Nun gibt es aber Leute, die Krankheiten ganz anders heilen. Sie sagen bestimmte Verse oder Sprüche auf, machen dabei manchmal drei Kreuzzeichen oder sprechen den Namen des Dreieinigen aus. Das ist Zauberei, und die hat Gott verboten. Der Teufel ist es nämlich, der durch solche Zauberei hilft. Um Menschen von Gott wegzulocken, schmückt er sich - wenn es sein muß - gar noch mit Gottes Namen.
Mißbrauch des Namens Gottes ist es auch, wenn man eigene Gedanken für Gottes Gedanken und Worte ausgibt. Ein Beispiel: In der Bibel steht, daß Kinder in der Taufe Vergebung der Sünden und den Heiligen Geist bekommen (Apg.2,38.39). Nun gibt es aber Leute, die reden anders. Sie sagen, kleine Kinder hätten nichts von der Taufe. Erst wenn sie groß sind, sollten sie sich taufen lassen. Wer so redet, mißbraucht Gottes Namen, weil er Gottes Wort verfälscht.
Mißbrauch des Namens Gottes ist es auch, wenn jemand nur so tut, als ob er ein Christ wäre. Er schmückt sich mit dem Namen Christus, indem er sich einen Christen nennt. Er denkt aber dabei überhaupt nicht an den Heiland Christus.Von solchen Menschen sagt Gott: "Sie kommen zu mir nur mit dem Mund und ehren mich nur mit den Lippen,aber ihr Herz ist ferne von mir."Gott nennt sie Heuchler, weil ihre Gedanken ganz verschieden sind von dem, was sie äußerlich tun.

Mein Herr und Gott, behüte mich vor allem Mißbrauch deines Namens, vor Zauberei,falscher Lehre und Heuchelei. Ich möchte deinen Namen immer nur ganz heilig halten. Amen.

Du sollst den Feiertag heiligen. 2.Mose 20,8

Der Feiertag ist ein arbeitsfreier Tag. Gott will, daß wir ihn heiligen, indem wir zu Gottesdienst zusammenkommen. Da dient Gott uns mit seinem Wort, und wir dienen ihm im Gebet mit Lob, Bitte und Dank. Manchmal habe ich keine Lust, zur Kirche zu gehen. Dort wartet aber Gott auf mich. Auch zu mir will er im Gottesdienst sprechen. Wenn ich nicht hingehe, ist das so, als ob ich zu ihm sage: Rede zu den andern; ich brauch dein Wort nicht.- Was wird Gott am Jüngsten Tag dazu sagen?

Wie mein Leib ohne Nahrung nicht am Leben bleiben kann, so stirbt mein Glaube ohne Gottes Wort. Nun esse ich aber nicht nur einmal in der Woche, sondern täglich. Genauso braucht mein Glaube jeden Tag die Nahrung des Wortes Gottes,wenn er wachsen, stärker werden und stark bleiben soll. Darum werden Hausgottesdienste gehalten. Wir nennen sie auch Hausandachten.

Wenn ich groß genug bin und lesen kann, nehme ich selber die Bibel zur Hand. Am besten fange ich mit dem zweiten Teil der Bibel, dem Neuen Testament an. Da sind zuerst die Evangelien mit der Beschreibung des Lebens Jesu. Dann lese ich die von den Aposteln geschriebenen Briefe.Später nehme ich mir zwischen den Büchern des Neuen Testaments je eins aus dem Alten Testament vor. So bekommt mein Glaube aus dem ganzen heiligen Gotteswort seine Nahrung.

Was ich im Gottesdienst und in der Hausandacht gehört und in der Bibel gelesen habe, darf ich nicht gleich wieder vergessen. Christus sagt: "Selig sind, die Gottes Wort hören und bewahren." Wie kann ich es bewahren? Wenn ich auch nach dem Hören oder Lesen darüber nachdenke.

Mein Herr und Gott, ich danke dir, daß du mir dein Wort gegeben hast. Hilf mir, es gern zu hören und zu lernen, jeden Sonntag in der Kirche und täglich zuhause.Ich möchte doch meinen Glauben behalten und selig werden. Amen.

Du sollst deinen Vater und deine Mutter ehren.

2. Mose 20,12

Meinen Eltern verdanke ich mein Leben. Unter ihrer Fürsorge wachse ich heran. Eltern wissen mehr vom Leben als Kinder. Gott will, daß sie ihren Kindern im Leben zurechthelfen. Das ist aber nur möglich, wenn die Kinder ihren Eltern gehorchen. In allem sollen sie folgsam sein. So steht es in der Bibel.
Manchmal treten andere an die Stelle der Eltern, etwa Onkel und Tante und Großeltern. Es können auch die Kindergarten-Tanten sein oder die Erzieher in einem Heim.In der Schule sind es die Lehrer, in der Berufsausbildung die Lehrmeister. Da ist auch noch die Obrigkeit, etwa im Rathaus, der alle Bürger gehorchen sollen.
Der Gehorsam schmeckt mir oft nicht, weil ich tun möchte, was mir gerade paßt. Wie sollte so etwas aber Gott gefallen können? An Jesus hat er mir gezeigt, worüber er sich freut. Jesus war seinen Eltern untertan. Er gehorchte ihnen aufs Wort und tat es gern. Mein Erlöser ist also auch mein Vorbild. Von ihm will ich lernen, meine Eltern lieb zu haben und ihnen in allen Dingen zu folgen.
Wenn Kinder selbständig geworden sind und nicht mehr bei ihren Eltern wohnen,hört das Gehorchen auf. Dann müssen sie alles selber verantworten, was sie tun. Das wichtigste Stück vom Vierten Gebot hört aber nie auf. Immer sollen die Eltern geehrt werden. Auch selbständige Kinder sollen den guten Rat und die Warnungen ihrer Eltern gern anhören und gründlich darüber nachdenken.

Mein Herr und Gott, aus Liebe zu mir hast du mir Eltern und Erzieher gegeben. Du willst, daß ich sie ehre. Ohne deine Hilfe bringe ich das aber nicht fertig.Darum bitte ich dich um Kraft, damit ich ihnen gern gehorche und sie liebhabe. Amen.

Du sollst nicht töten. 2.Mose 20,13

Gott hat das Leben eines jeden Menschen geschaffen. Um es zu schützen,hat er einen Zaun herum gebaut. Dieser Zaun ist das Fünfte Gebot. Wer einen anderen totschlägt oder totschießt,der bricht, zerbricht dabei Gottes Gebot.

Gott verbietet aber nicht nur,jemandem das Leben zu nehmen. Dem Leben soll überhaupt kein Schaden zugefügt werden.Wenn ich jemanden schlage, trete oder sonstwie quäle, vergreife ich mich ebenfalls an seinem Leben.Ich füge ihm ja Schmerzen zu. Doch verbietet Gottes Gebot noch mehr. Ich soll den anderen nicht einmal aufregen. Ich darf ihm keine Schimpfwörter zurufen, kein wütendes Gesicht zeigen oder ihn irgendwie ärgern. Ärger schadet dem Herzen und kann sogar zum Tod führen.

Auf jeder Sünde, auch auf Schimpfwörtern liegt Gottes Zorn. Vor ihm soll ich mich fürchten,denn Sünde bringt in die Hölle. Die Angst vor der Hölle hilft mir aber nicht, Gottes Gebot zu halten. Das bringt nur die Liebe zu Gott fertig,der mich in Jesus Christus geliebt hat. Wenn ich nämlich Gott wirklich liebe, dann tue ich meinem Mitmenschen keinen Schaden an Leib und Leben. Im Gegenteil: ich helfe ihm, wo ich nur immer kann. Wenn er in Schwierigkeiten steckt, versuche ich, sie ihm leichter zu machen. Da gebe ich für Notleidende ab: Nahrung für Hungernde, Kleidung für Frierende, Geld für Arme.

Mein Herr und Gott, ich möchte dir für deine große Liebe dankbar sein. Laß mich darum dein Gebot ganz ernst nehmen, und hilf mir, es immer besser zu halten. Durch Jesus Christus, meinen Heiland. Amen.

Du sollst nicht ehebrechen. 2.Mose 20,14

Das Sechste Gebot ist ein Zaun um den von Gott geschaffenen Ehestand. Die Ehe ist die lebenslange Verbindung von Mann und Frau. Keins von beiden darf ausbrechen. Ebenso darf niemand in die Ehe einbrechen. Verheiratete sollen solange sie leben beieinander bleiben, einander lieben und Treue halten. Schon die Verlobung ist auf Treu gegründet. Da versprechen sich ja zwei,daß sie einander heiraten wollen.Beide dürfen darauf vertrauen, daß das Versprechen gehalten wird. Eine Verlobung kann darum nicht ohne Sünde aufgelöst werden.

Der Ehestand beginnt mit der Trauung. Die Obrigkeit muß nämlich jede Ehe gutheißen. Christen lassen sich aber auch kirchlich trauen. Sie lassen ihren gemeinsamen Lebensweg durch Gottes Wort und das Gebet der Gemeinde segnen. Ein nicht getrautes Paar versündigt sich, wenn es wie Mann und Frau miteinander lebt.

Das Sechste Gebot gilt auch Kindern und Jugendlichen die noch gar nicht ans Heiraten denken. Sie sollen alles,was mit der Ehe zusammenhängt, für eine Gabe Gottes halten. Gottes Gaben dürfen nicht in den Schmutz getreten werden, weder in Gedanken noch durch dumme oder gar häßliche Reden.

Mein Herr und Gott, ich möchte deine Gaben hoch achten und nicht beschmutzen. Du mußt mir helfen, daß meine Gedanken, meine Worte und mein Tun sauber sind und bleiben. Gib mir dazu deinen Heiligen Geist. Du wirst es gewiß tun. Amen.

Du sollst nicht stehlen. 2. Mose 20,15

Dies Gebot ist ein Zaun um alles,was ein Mensch besitzt. Eigentum ist eine Gabe Gottes und darf von anderen nicht angetastet werden. Ich darf also niemandem etwas wegnehmen und mir aneignen. Dabei ist es ganz gleich, ob ich das heimlich tue und er es nicht merkt, oder ob ich es ihm mit Gewalt wegnehme.
Diebstahl kann es aber auch sein, wenn mir einer etwas gibt. Vielleicht habe ich jemandem eine Sache verkauft, die nicht soviel wert ist wie sie aussieht. Oder ich habe mir beim Tausch für etwas Wertloses etwas Wertvolles geben lassen. Oder ich habe Lohn angenommen für Arbeit, die ich gar nicht geleistet habe. Durch Betrug komme ich bei all dem zu etwas, das eigentlich dem andern gehört. Betrug ist dasselbe wie Diebstahl. Meistens merken die andern gar nicht, daß sie betrogen worden sind.Einer aber merkt es immer: der allwissende Gott. Ihm kann ich nichts vormachen. So manches, was ich da getan habe, paßt nicht zum Leben eines Kindes Gottes.

Statt mir etwas anzueignen, soll ich meinem Mitmenschen lieber helfen, daß ihm sein Eigentum bewahrt bleibt. Wenn er etwas verloren hat und ich finde es, muß ich es ihm wiedergeben. Weiß ich nicht, wer etwas verloren hat, dann bringe ich es aufs Fundbüro. Wenn sich der Verlierer nach bestimmter Zeit nicht meldet, gehört es mir. Meldet er sich aber später, dann soll ich es ihm doch zurückgeben.

Mein Herr und Gott, ich muß mich schämen, daß ich dein Gebot oft übertreten habe. Bitte vergib mir und wehre dem Teufel,der mich immer wieder verführen will. Amen.

Du sollst keine Lügen über deinen Nächsten erzählen. 2. Mose 20,16

Dies Gebot ist ein Zaun um den guten Namen eines Menschen. Was an ihm gut ist, soll auch gut bleiben. Ich habe es ja auch nicht gern, wenn man über mich lügt. Immer wieder einmal höre ich Schlechtes über jemanden sagen ohne zu wissen, ob es auch stimmt. Wenn ich es dann doch weitersage,versündige ich mich am Achten Gebot. Warum tue ich es aber so oft? Je schlimmer etwas ist, das ich von einem anderen erzähle, umso besser und anständiger komme ich mir vor.

Wenn er aber wirklich etwas Böses getan hat, dann soll ich es nicht anderen, sondern ihm selber sagen. Ich soll ihm aus den Geboten zeigen, daß wir nicht sündigen dürfen. So kann ich ihm helfen, daß ihm seine Sünde leid tut.

Wenn er in das Gerede der Leute kommt, kann ich ihm auch helfen. Ich kann sagen, daß auch er nur ein Mensch ist und darum ein Sünder wie wir. Auch wir tun oft Böses.Statt Schlechtes vom andern zu sagen, soll ich an seine guten Seiten erinnern. Die Bibel sagt: "Alles, was ihr wollt, daß die Leute es euch tun, das tut auch ihnen!" Und in einem Sprichwort heißt es: "Was du nicht willst, das man dir tu, das füg auch keinem andern zu."

Mein Herr und Gott, wieviel habe ich an deinem Gebot zu lernen. Wie oft habe ich mich am guten Namen meines Nächsten versündigt.Wenn ich nicht wüßte, daß du Sünde vergeben kannst, müßte mir ganz angst werden. Ich möchte aber deine Gebote immer besser halten lernen. Gib mir die nötige Kraft dazu. Amen.

Du sollst nicht neidisch sein auf irgendetwas, das deinem Nächsten gehört. 2. Mose 20,17

Aus dem Siebten Gebot weiß ich, daß es Sünde ist, sich etwas anzueignen. Die Sünde hatte aber schon vorher angefangen, ehe ich es an mich nahm. Ich war neidisch auf das, was der andere hatte, und wollte es selber haben. Ich begehrte es, wie die Bibel das nennt. In zwei Geboten - im Neunten und Zehnten - verbietet Gott das Begehren. Damit will er ganz deutlich machen, daß die Sünde schon im Wollen und Denken steckt. Böses tun ist die Folge von Böses denken.

Mit dem Denken und dem Tun ist es wie mit Blitz und Donner. Wenn ich den Donner höre, ist der Blitz schon eine Weile vorbei. Ein böser Gedanke ist wie ein Blitz. Die böse Tat ist wie der dem Blitz folgende Donner. So war das schon bei der ersten Sünde im Paradies. Der Teufel hatte in Eva das Begehren nach der verbotenen Frucht geweckt. Diese Frucht gehörte aber Gott. Alle anderen hatte er den Menschen gegeben. Nun schaute Eva sich die verbotene Frucht an. Dabei wurde sie neidisch auf das, was Gott gehörte.Dann fing das Begehren, das Habenwollen an. Schließlich eignete sie sich die Frucht an und biß hinein. Sie tat das Böse, das sie vorher gedacht hatte. Hinterher versuchte sie sich auszureden.Sie sagte zu Gott, der Teufel hätte sie zur Sünde verführt. Sie wußte aber, daß das eine Ausrede war, denn sie hatte freiwillig auf den Teufel gehört.

Mein Herr und Gott, auch ich folge so oft dem Teufel und will haben, was mir nicht gehört.Laß mich bitte erkennen, daß schon die bösen Gedanken Sünde sind. Behüte mich davor, das böse Verlangen gar noch zur Tat werden zu lassen. Ich möchte so gerne nur das denken und tun, was dir gefällt. Erhöre mein Gebet. Amen.

Wir sind sein Werk, geschaffen in Christus Jesus zu guten Werken. Diese Werke hat Gott schon zubereitet; wir sollen sie nur noch tun. Eph. 2,10

Gute Werke können nur durch den Glauben an Jesus Christus getan werden. Ohne diesen Glauben ist vor Gottes Augen kein Werk wirklich gut,auch wenn es für andere noch so nützlich ist. Wer Gutes tut ohne Glauben an den Heiland, tut es nämlich nicht aus Liebe zu Gott, noch zur Ehre Gottes. Er will sich vielmehr selber ehren und vor Gott einen Namen machen.Gott soll ihn loben und mit dem Himmel belohnen.Dadurch wird aber Gott die Ehre geraubt. Er will ja den Himmel ganz umsonst geben allen, die auf die Erlösung durch Jesus Christus vertrauen.

Daß ich an den Heiland glaube, ist Gottes Werk durch das Evangelium. Aus diesem Werk Gottes an mir sollen nun meine Werke kommen, gute Werke. Doch auch sie sind von Gott schon zubereitet. Mein Herr Jesus hat sie alle getan. Er hat immer nach Gottes Willen gelebt, immer zur Ehre und Freude Gottes. Alles, was in den Zehn Geboten steht, hat er getan.Wenn ich gute Werke tun will, brauche ich sie nur meinem Heiland abzugucken. Ich brauche mich nur immer zu fragen: "Was hätte Jesus jetzt an meiner Stelle getan?" Alle guten Werke liegen sozusagen am Rande meines Lebensweges. Christus hat sie hingelegt und ich brauche sie nur aufzunehmen.Durch den Glauben an den Heiland habe ich die Kraft dazu und bin geschickt, gute Werke zu tun.

Mein Herr und Gott, behüte mich vor dem Gedanken, ich könnte aus eigener Kraft deine Gebote erfüllen und mir den Himmel verdienen.Nur durch den Glauben an deinen Sohn werde ich selig.Laß mich dir dafür dankbar sein und von meinem Heiland lernen, gute Werke zu tun. Amen.

Ich bin noch nicht vollkommen, aber ich bemühe mich, es zu werden, weil Jesus Christus mich ergriffen hat. Philipper 3,12

Jesus Christus ist mein Erlöser und zugleich mein Vorbild. An seinem Leben soll ich ablesen, wie ich Gott zur Ehre leben kann. Ganz bald merke ich aber,daß mir das nicht immer und nicht vollkommen gelingt. Jesus hat ja niemals gesündigt, sondern immer getan,was die Zehn Gebote sagen. Von mir weiß ich aber, daß ich immer wieder einmal Gottes Gebote übertrete. Da möchte ich den Mut verlieren und sagen: "Hat ja keinen Zweck, Jesus als Vorbild zu nehmen; so fromm wie er werde ich nie im Leben."

Nun, ist es wahr, daß ich hier auf der Erde nicht vollkommen wie Jesus werden kann, der der Heilige Gott ist.In mir bleibt ja bis zu meinem Tod der Alte Adam, der nicht nach Gottes Geboten leben will. Seit meiner Taufe habe ich aber in mir den Neuen Menschen, der nur Gott zu Gefallen leben will. Mit diesem Neuen Menschen hat der Herr Jesus mich ergriffen, an die Hand genommen. Darum brauche ich in meinem Bemühen nicht aufzugeben.

Ich will es machen wie ein Sportler, etwa ein Schnelläufer. Der übt Tag für Tag. Wenn er bei einem Wettlauf nur als Letzter ans Ziel kommt, gibt er doch nicht auf.Er übt täglich weiter und hofft immer darauf, erster zu werden. Diese Hoffnung ist so etwas wie Flügel für seine Füße.Hat Jesus mich ergriffen, dann gibt er mir Mut und Kraft,mein Leben zu bessern und dem Guten nachzustreben. Mit dem Heiland an der Seite übe ich mich gern im Guten.

Mein Herr und Gott, du freust dich, wenn ich fleißig bin in guten Werken. Wie wunderbar wird es sein, wenn ich im Himmel so vollkommen bin wie mein lieber Heiland. Amen.

Die Gnadenmittel

Gott hat uns gesegnet mit allerlei geistlichem Segen in himmlischen Gütern durch Christus.Eph.1,3

Geistlicher Segen ist all das, was mit der Vergebung der Sünden,mit heiligem Leben und mit der ewigen Seligkeit zu tun hat. Diesen Segen bekomme ich schon, wenn ich das Evangelium von Jesus Christus gläubig höre oder lese.Er wird aber auch noch auf andere Weise ausgeteilt. Christus hat zwei heilige Handlungen gestiftet, in denen er das hörbare Wort mit spürbaren Dingen verbunden hat. Man nennt diese Handlungen Sakramente.

Die beiden Sakramente sind die heilige Taufe und das heilige Abendmahl. In der Taufe wird Wasser gebraucht, zum Abendmahl sind Brot und Wein nötig. Wasser kann man spüren, Brot und Wein kann man schmecken. durch die beiden Sakramente will der Herr Christus den Glauben an seinen geistlichen Segen fester machen. So gewiß man das Wasser spüren kann, so sicher ist der Heilige Geist in der Taufe am Werk.So gewiß man Brot und Wein schmecken kann, so sicher teilt Christus im Abendmahl seine himmlischen Güter aus.

Mein Glaube ist oft so schwach, weil mir Zweifel an dem kommen, was ich im Evangelium höre.Soll es wahr sein, daß durch den Glauben an das Wort Gottes meine Sünden wirklich vergeben sind, daß ich Kraft für ein heiliges Leben bekomme und daß mir der Himmel gehört? Da kommt nun mein Heiland und sagt: Meinen geistlichen Segen bekommst du so gewiß,wie du Wasser und Brot und Wein spüren oder schmecken kannst. Trau nur meinem Wort, durch das ich meine himmlischen Güter mit diesen irdischen Dingen verbunden habe.

Mein Heiland, ich danke dir, daß du mich durch deine Sakramente im Glauben immer wieder ganz fest machen willst. Amen.

Die heilige Taufe

Taufet alle Menschen im Namen des Vaters und des Sohnes und des Heiligen Geistes, und lehret sie halten alles, was ich euch befohlen habe.

Matthäus 28, 19.20

Mit diesen Worten hat der Herr Christus die heilige Taufe eingesetzt. Er will, daß alle Menschen getauft werden. In der christlichen Gemeinde sollen schon die Kinder die Taufe empfangen. Auch ihnen soll doch das Himmelreich gehören. Darum müssen sie durch die Taufe zu Christus gebracht werden. Es ist nicht wahr, daß die Kinder die Taufe noch nicht nötig hätten. Jesus sagt nämlich, daß ohne Taufe niemand in das Reich Gottes kommen kann.

Wenn Menschen erst später in ihrem Leben zum Glauben an den Heiland kommen, sollen auch sie sich taufen lassen. Durch Gottes Wort sind sie gläubig geworden. Sie haben es gelesen oder gehört.Dann werden sie in den wichtigsten Stücken der christlichen Lehre unterrichtet.Wenn sie sich zu Christi Lehre bekannt haben, werden sie getauft.

Auch ich will mich zu all dem bekennen, was Jesus gelehrt hat. Nie will ich etwas von seiner Lehre beiseite schieben. Nie will ich sagen, es gelte für uns Menschen von heute nicht mehr oder es müsse nun anders verstanden werden. Jesus hat so klar gesprochen, daß es nicht falsch verstanden werden kann.

Lieber Heiland, ich danke dir für die heilige Taufe und für deine deutliche Lehre. Hilf mir, daß ich mich nicht irremachen lasse. Stärke meinen Glauben an dein Wort und Sakrament. Amen.

Siehe, da ist Wasser; warum sollte ich nicht getauft werden? Apostelgeschichte 8,36

Zum Taufen ist Wasser nötig. Man kann nichts anderes dazu nehmen. Christus hat aber nicht vorgeschrieben, wie man das Wasser beim Taufen gebrauchen soll. Es kann über den Täufling gegossen oder gesprengt werden, man kann ihn damit waschen oder darin eintauchen. Man kann es einmal oder mehrmals hintereinander tun. Worauf es bei der Taufe ankommt, ist, daß Wasser gebraucht und das Taufwort gesprochen wird.

Ein Mann aus Äthiopien war es, der zum Apostel Philippus sagte: "Siehe, da ist Wasser." Sie waren auf einer Fahrt durch eine wasserarme Gegend. Wenn nun dort gar kein Wasser gewesen wäre? Wenn er plötzlich an einem Schlaganfall gestorben wäre? Nun, er war ja durch den Unterricht des Apostels zum Glauben an Christus gekommen und hatte obendrein seinen Glauben an den Sohn Gottes bekannt. Von ihm galt darum Jesu Wort, daß alle, die an ihn glauben, das ewige Leben haben. Auch wenn sie nicht getauft werden können.

Es kommt sogar manchmal vor, daß ein Säugling kurz vor seiner Taufe plötzlich stirbt. Was soll da werden? Er konnte doch nur durch die Taufe zu Christus gebracht werden; unterrichten konnte man ihn nicht. Was soll ich sagen? Ich darf zu Gott sagen: Du hast die seligmachende Taufe an das Wasser und uns an diese Taufe gebunden. Deine Hände sind aber nicht gebunden, die Hände deiner Barmherzigkeit. Du hast wohl zugelassen, daß jemand nicht getauft werden konnte. Deine Barmherzigkeit wird aber nicht zulassen, daß er deswegen Schaden leidet. Du weißt, wie du ihn dennoch selig machst.

Großer Gott, ich bin fröhlich in dir, weil ich mich auf deine Barmherzigkeit verlassen kann. Behüte mich aber davor, die Taufe für nicht so wichtig zu halten. Du hast sie befohlen. Darum will ich sie als Mittel deiner Gnade ehren. Amen.

Christus hat die Gemeinde gereinigt durch das Wasserbad im Wort. Epheser 5,26

Die Taufe muß ein richtiges Wunderbad sein. Sie soll ja etwas fertig kriegen, das ich mit aller Mühe nicht zuwege bringe. Ich weiß,daß ich von der Sünde verunreinigt bin. Die Südenflecken gehen aber nicht dadurch weg, daß ich versuche viel Gutes zu tun. Sie werden dabei im Gegenteil nur immer größer. Wenn ich durch gute Werke Sünden wegmachen will, suche ich Ehre vor Gott. Das ist aber wieder Sünde, weil alle Ehre Gott gehört. Mit jedem einzelnen solcher Werke kommt zum alten Sündenschmutz neuer hinzu.

Wie aber kann das Taufwasser mich von den Sünden reinigen? Es ist doch genau solches Leitungswasser, wie es zum Kochen gebraucht wird. Da brauche ich aber nur einmal an Wasser zu denken, in das etwas Salz verrührt worden ist. Vom Salz ist nichts mehr zu sehen, aber jeder Tropfen schmeckt salzig. So tut Gott gewissermaßen sein Wort in das Taufwasser. Dadurch bekommt jeder Tropfen die Kraft des Wortes Gottes und wäscht die Sünde ab. Ansehen kann ich dem Wasser diese Kraft nicht. Ich kann es auch nicht mit meinen Sinnen begreifen.

Wenn ich es aber begreifen könnte, dann ware die Taufe kein Wunderbad mehr. Alles, was Gott durch sein Wort tut, ist doch ein Wunder.Wunder soll ich nicht begreifen wollen. Ich soll sie einfach glauben. Der christliche Glaube traut Gott alles zu, was er sagt.

Lieber Heiland, ich freue mich über die Taufe. An ihr merke ich, daß es größere Dinge gibt als nur das Leben auf dieser Erde. Durch die Taufe hast du mir den Anfang vom Leben im Himmel gegeben. Ich danke dir dafür. Amen.

Zieht den Alten Menschen aus und zieht den Neuen an. Kolosser 3,9.10

Dieser Satz ist an Getaufte geschrieben.Es klingt sonderbar, daß sie den Neuen Menschen anziehen sollen. In der Bibel heißt es doch auch: "Wer in Christus ist, der ist ein neues Geschöpf." Er ist also neu geworden. Er hat den Neuen Menschen bekommen, der immer nach Gottes Willen fragt. Wie kann ich den Neuen Menschen anziehen,wenn ich ihn doch schon seit meiner Taufe habe?

Der Apostel gebraucht einen Vergleich. Morgens legt man das Nachtgewand ab und zieht Tageskleidung an. Am Tage läuft man nicht in Nachtsachen herum. Wir Christen sollen immer wie am Tag leben, immer im Licht Gottes.In diesem Licht kann sich nur der Neue Mensch sehen lassen.Der Alte Adam muß verschwinden.

Daran soll ich jeden Morgen beim Aufwachen denken. Ich soll mich gleich morgens an meine Taufe erinnern. Wie ich da den Neuen Menschen bekommen habe, so soll ich mich täglich gleich morgens in ihn kleiden. Und wie mein Alter Adam in der Taufe unter Wasser gedrückt wurde, so soll ich schon morgens damit anfangen, ihn zu unterdrücken. Ich will ja nicht nach seinem bösen Willen leben. Ich möchte nur das tun, was der Neue will. Der sagt mit dem Herrn Jesu: "Deinen Willen, mein Gott, tue ich gern, und dein Gesetz habe ich in meinem Herzen."

Lieber Vater im Himmel, du hast mich durch die Taufe zu deinem Kind gemacht. Laß mich jeden Morgen an sie denken und aus ihr die Kraft schöpfen, heilig zu leben. Amen.

Zieht eure Kinder auf in der Zucht und Ermahnung des Herrn. Epheser 6,4

Kinder sollen nicht nur getauft, sondern auch christlich erzogen werden. Wenn sie heranwachsen und nichts vom Heiland hören, verlieren sie den in der Taufe erhaltenen Glauben. Sehr groß ist also die Verantwortung der Eltern an ihren getauften Kindern. Sie müssen sich an Gottes Vorbild halten, der als der himmlische Vater alle seine Kinder - die Christen - durch sein Wort voranbringt und zurechtbringt. So sollen christliche Eltern ihre Kinder mit Gottes Wort groß werden lassen. Sobald wie möglich erzählen sie ihnen biblische Geschichten, Geschichten von Jesus und von den Gläubigen in der Bibel. Sie nehmen sie mit in die Kirche oder lassen sie am Kindergottesdienst teilnehmen. Sie schicken sie zum Religionsunterricht.

Bei all dem vergessen sie nicht,daß den Christen gesagt ist: "Betet stets für alle Heiligen." Wie sollten Eltern das nicht gerade für die ganz jungen Heiligen tun, für ihre getauften Kinder. Dabei haben sie Helfer. Ihr Kind hat ja Paten. Die haben bei der Taufe versprochen, fleißig für ihr Patenkind zu beten.

Paten sind Mit-Eltern, geistliche Eltern. Darum können nicht irgendwelche Menschen Paten sein. Sie müssen sich zum selben Glauben bekennen wie die Eltern und mit ihnen zur selben Kirche gehören. Zusammen mit den Eltern werden sie dem Kind auch ein Vorbild im christlichen Leben sein wollen.

Lieber Herr Christus, ich danke dir für die Menschen, die sich um meine christliche Erziehung sorgen. Segne an ihnen diesen guten Dienst.Amen.

Das heilige Abendmahl

Jesus nahm das Brot und sprach: "Das ist mein Leib", und er nahm den Kelch und sprach: "Das ist mein Blut." Markus 14,22-24

Markus erzählt hier von der Einsetzung des heiligen Abendmahles. Wie bei der Taufe hat Christus auch hier Dinge dieser Erde in Dienst genommen. In der Taufe ist es schon wunderbar genug, daß Wasser nicht mehr gewöhnliches Wasser bleibt. Es wird ja von Gottes Wort durchdrungen. Im Abendmahl ist das Wunder sozusagen noch größer. Da sind Brot und Wein mit etwas verbunden, das bei der Einsetzung zu sehen war: das Brot mit dem Leib Christi, der sich im Kreis der Jünger befand; der Wein mit dem Blut Christi, das bei der Kreuzigung aus seinen Wunden floß.

Vor dem Wunder in diesem Sakrament kann ich nur anbeten und muß mit allem Grübeln aufhören. Gerade hier muß ich meinen Heiland bitten, mir den Glauben an sein Wort ganz festzumachen.
Was Christus sagt, ist wahr und muß wahr sein, ob ich es begreife oder nicht. Er ist nicht nur der Allbarmherzige, der alle Sünder seligmachen will. Er ist auch der Allmächtige,der alles machen kann, was er will. Er hat gesagt, daß mit dem Abendmahlsbrot sein Leib verbunden ist und mit dem Abendmahlswein sein Blut. Er hat's gesagt, drum ist es wahr; er ist allmächtig, drum ist ist gar kein Ding bei ihm unmöglich.

Lieber Herr Jesus Christus, dir und deinem Wort will ich ganz fest vertrauen. Gib mir deinen Heiligen Geist dazu. Amen.

Jesus sprach: "Nehmt, eßt, das ist mein Leib. Trinkt alle daraus, das ist mein Blut."

Matthäus 26,26.27

In der Taufe muß der Täufling mit dem Wasser in Berührung kommen, anders wäre er nicht getauft. Im Abendmahl müssen beide, Brot und Wein, von den Christen gegessen und getrunken werden; anders würden sie nicht Christi Sakrament empfangen.Und mit dem Brot nehmen sie zugleich Christi Leib, mit dem Wein zugleich Christi Blut.

Wieder will ich mir nicht zuviel Gedanken machen. Aus den Einsetzungsworten weiß ich,daß das Brot mit Christi Leib verbunden ist und der Wein mit Christi Blut. Weder hat Jesus noch sein Apostel Paulus gesagt, wann das genau anfängt und wie lange es genau dauert. Das eine ist nach Gottes Wort aber ganz gewiß: Wer im Abendmahl Brot und Wein mit dem Mund empfängt, der nimmt zugleich Christi Leib und Blut, wenn er auch nur Brot und Wein schmecken kann.

Was wird mit Christi Leib und Blut, wenn Brot und Wein hinuntergeschluckt werden? Bei diesem Gedanken kann mir mit Gottes Hilfe ein Vergleich helfen. Wenn jemand mit seinem Fahrzeug unterwegs ist und übernachten muß, läßt er das Fahrzeug in der Garage abstellen,er selbst aber geht in das Gastzimmer. So zieht Christus in seinem Leib und Blut bei denen ein, die das heilige Abendmahl empfangen. Er wird Gast ihrer Seele. Er wohnt in ihrem Herzen.

Mein Heiland, wie groß ist deine Liebe, daß du in deinem Mahl auf ganz besondere Weise zu den Christen kommst und sie zu deiner Wohnung machst. Wie stärkst du dadurch ihren Glauben. Ich bete dich an und danke dir. Amen.

Jesus sprach: "Das ist mein Leib, der für euch gegeben wird. Das ist das Neue Testament in meinem Blut, das für euch vergossen wird.

Lukas 22, 19.20

Der Herr Jesus hat bei allem, was er tat,an uns Menschen gedacht.Über seinem ganzem Leben standen die beiden Worte , die zweimal bei der Einsetzung des heiligen Abendmahls vorkommen. Es sind die Worte "Für euch". Er, der heilige Gottessohn, hat alles für uns verlorene Sünder getan. Er wollte alle Verlorenen zu Gott zurückbringen. Gott sollte an ihnen die Sünde nicht mehr sehen, durch die sie verloren gegangen waren. Er sollte den Vielen ihre Sünde vergeben können und sie wieder als seine Kinder annehmen. Dafür hat Christus gesorgt, als er Gottes Gebote erfüllte und die Strafe für die Sünden der Welt litt.

Christus verbindet nun dies Wort "Für euch" mit seinem im Abendmahl ausgeteilten Leib und Blut. Denselben Leib hat er ja für uns in den Tod gegeben und dasselbe Blut vergossen zur Vergebung unserer Sünden. Mit dem heiligen Abendmahl dürfen wir ein wirklich wunderbares Sakrament feiern. Vollkommene Sündenvergebung erhält jeder, der mit dem Brot und Wein Christi Leib und Blut gläubig nimmt. Wir können dieses heilige Mahl darum nie hoch genug achten. Ebenso können wir dem Herrn Christus nie genug dafür danken, daß er auch dies Sakrament uns zugute eingesetzt hat.

Herr Jesus, du hast uns arme Sünder unbeschreiblich lieb. Stärke durch deine Liebe unseren Glauben an dich und unsere Liebe zu dir. Amen.

Der Mensch prüfe sich und so esse er von diesem Brot und trinke von diesem Kelch.

1. Korinther 11, 28.29

Das heilige Abendmahl soll nicht wie die Kindertaufe zum Glauben bringen, sondern den vorhandenen Glauben stärken. Einem Ungläubigen darf es also nicht gereicht werden. Doch auch die Christen sollen es nicht einfach so nehmen. Sie sollen sich darauf vorbereiten.Sie sollen sich prüfen, ob sie dies Sakrament auch zu ihrem Segen nehmen werden. Zu solchem Segen gehört die Erkenntnis, daß wir die Vergebung unserer Sünden nötig haben.

Bei dem Wort "Sünde" denke ich so leicht nur an grobe Übertretungen der Gebote,etwa an Verbrechen, von denen Zeitung und Rundfunk berichten. Die Übertretung fängt aber doch schon in meinen Gedanken an. Sie ist an meinem Gesicht abzulesen. Sie kommt in meinen Worten zum Ausdruck. Sie geschieht auch, wenn ich nicht tue, was ich tun sollte. Auf jeder dieser Übertretungen liegt Gottes Zorn und droht mit ewiger Strafe.

So genau muß ich mich und mein Leben an Gottes Geboten prüfen. Dann wird es mich reuen, daß ich mich an Gott und seinem Willen versündigt habe. Es wird mir von Herzen leid tun.Dann werde ich aber auch anbetend staunen, daß Gott um Christi willen meine vielen Sünden vergeben will. Ja, er hat sie schon vergeben, als sein Sohn am Kreuz sein Blut vergossen und sich in den Tod gegeben hat. Wenn ich im heiligen Abendmahl Christi Leib und Blut empfange, wird mir diese Vergebung gewiß gemacht.

Mein Herr Jesus, wecke in mir aufrichtige Reue über meine Sünden, rechten Glauben an die gnädige Vergebung und herzliches Verlangen nach deinem Sakrament. Amen.

Der Mensch prüfe sich; denn wer unwürdig von diesem Brot ißt und vom Kelch des Herrn trinkt, der verurteilt sich selbst. 1.Korinther 11, 28.29

Zur rechten Prüfung vorm Abendmahlsempfang gehört eine Menge christliche Erkenntnis. Darum wird es Kindern erst nach einer Unterweisung in der christlichen Lehre gereicht. Der Herr Jesus hat befohlen, die getauften in allem zu unterrichten, was er gelehrt hat.Auch Kinder würden sich selber zur Verdammnis verurteilen, wenn sie das Sakrament unwürdig nähmen.

Um sie davor zu bewahren, bekommen sie einen Unterricht, der nicht gründlich genug sein kann. Alle Hauptstücke der christlichen Lehre werden ihnen ausgelegt und ihrem Herzen nahegebracht. Nicht erst die Konfirmandenstunden, sondern der ganze Unterricht ist Vorbereitung auf den ersten Gang zum Tisch des Herrn. Er ist Führung auf dem Weg von der heiligen Taufe zum heiligen Abendmahl. Daran werden Kinder denken müssen, wenn sie einmal keine Lust am Religionsunterricht haben. Haben sie aber ihren Weg von der Taufe zum Abendmahl vor Augen,dann wird ihnen Luthers Auslegung des Dritten Gebotes verständlich: "Wir sollen Gottes Wort gerne hören und lernen." Um solche Lust und Freude an Gottes Wort werden sie den Heiligen Geist fleißig bitten müssen,unterstützt von der Fürbitte ihrer Eltern und Paten.

Lieber Heiland, du hast es für mein zeitliches und ewiges Heil an nichts fehlen lassen.Ich will dir auch für alle Unterweisungen in deiner heilsamen Lehre dankbar sein. Hilf, daß ich alles im Gedächtnis behalte und im Herzen bewahre. Amen.

Sooft ihr von diesem Brot eßt und von diesem Kelch trinkt, sollt ihr des Herrn Tod verkündigen, bis er kommt. 1.Korinther 11,26

Das heilige Abendmahl soll - anders als die heilige Taufe - oft empfangen werden. Wie oft, das hat der Herr Christus nicht gesagt. Er hat es dem Heiligen Geist überlassen, durch Gottes Wort den Christen die rechten Gedanken zu geben. Da wird dann ein Christ sagen: Ich brauche das Abendmahl oft und kann es nie zu oft nehmen, denn ich sündige täglich. Auch ist mein Glaube oft so schwach und die Kraft für ein gottgefälliges Leben so armselig. Darum brauche ich den Segen dieses Sakramentes immer wieder.

Der Christ wird aber auch sagen: Bei häufigem Empfang muß ich besonders darauf achten, daß ich nicht nur einer Sitte folge,die in der Gemeinde beachtet wird. Der Gang zum Tisch des Herrn darf nicht zu einer leeren Gewohnheit werden, nicht etwas Gedankenloses. Dann wäre ich unwürdig und würde mich selbst verurteilen. An noch eins wird der Christ denken. Durch jeden Abendmahlsgang verkündigt er, daß sein Herr gestorben ist und wiederkommen wird. Alle, die das Sakrament gemeinsam nehmen, müssen in dieser Verkündigung, in diesem Bekenntnis ganz einig sein. Ihr Bekenntnis muß lauten:Christus ist stellvertretend für die Sünderwelt gestorben. Weil er aber Gott ist, konnte ihn der Tod nicht halten. Er ist auferstanden, gen Himmel gefahren, und er wird am Jüngsten Tag wiederkommen, zu richten die Lebendigen und die Toten.Wo dies Bekenntnis zur Lehre Christi nicht wirklich und nicht ganz gilt, wo neben Gottes Wort auch Menschenlehre Hausrecht hat, darf ich mir das Abendmahl nicht reichen lassen.

Mein Herr Christus, dein Sakrament legt mir große Verantwortung auf.Durch deinen Heiligen Geist will ich das immer bedenken,sooft ich an deinen Altar trete. Amen.

Die Lossprechung von Sünden

Wenn wir unsere Sünden bekennen, so ist Gott treu und gerecht,daß er uns die Sünden vergibt. 1.Johannes 1,9

Oft, sehr oft ist in der Bibel von der Sündenvergebung die Rede. Sie ist der Hauptgedanke der ganzen Bibel. Ihretwegen hat Gott sein Wort den Menschen offenbart. Der Sündenvergebung muß aber etwas vorausgehen. Gott vergibt nicht so ohne weiteres. Ich muß meine Sünden vor Gott bekennen, wenn er sie vergeben soll.Da bekomme ich nun ein schlechtes Gewissen.Ich habe oft versucht, eine Sünde einfach zu vergessen.Ich habe die Gedanken daran unterdrückt, immer wieder, immer wieder. Je mehr Zeit dabei verging, umso weniger drückte mich die Sünde. Schließlich kam sie mir gar nicht mehr in den Sinn. Ich dachte, nun wäre alles in Ordnung.

Nichts war in Ordnung. Mose hat so zu Gott gesprochen: "Du stellst unsere Missetat vor dich, unsere unerkannte Sünde ins Licht vor deinem Angesicht." Es nützt also nichts, wenn ich die Erinnerung an meine Sünde solange unterdrücke, bis sie mir wieder unerkannt ist. Nein,das nützt nichts, weil sie im scharfen Licht des heiligen Gesetzes Gottes stehen bleibt. Sie klagt mich an bis zum Jüngsten Tag. Das ist furchtbar.

Wie soll ich diesen Ankläger loswerden? Ich muß erst einmal offen und ehrlich vor Gott zugeben, daß ich sein Gebot übertreten habe, daß ich ihm zum Zorn gereizt habe.Sodann muß Gott auch merken, daß mir das von Herzen leid tut.Dann kann er in Treue zu seinem Gnadenwort stehen. Dann zeigt er auch, daß er gerecht ist. Hat er meine Sünden schon an seinem Sohn gestraft,dann kann er sie nicht noch einmal an mir strafen.Vielmehr vergibt er sie und vergißt sie.

Heiliger und gnädiger Gott, laß mich meine Sünden immer aufrichtig bekennen,damit du sie um Christi willen vergeben und vergessen kannst. Amen.

Ich sprach: Ich will dem Herrn meine Übertretung bekennen. Da vergabst du mir die Schuld meiner Sünde. Psalm 32,5

Klingt das wunderbar: "Da vergabst du mir die Schuld meiner Sünde." Wie kann ich aber gewiß sein,daß Gott mir eine ganz bestimmte Sünde vergibt? Er hat sie von seinem Sohn ans Kreuz tragen lassen. Dort auf Golgatha hat Gott der ganzen Welt alle ihre Sünden nicht mehr angerechnet, weil er sie seinem Sohn angerechnet hat.Gilt das für die ganze Welt, dann bin auch ich damit gemeint. Hat Gott dort auf Golgatha alle meine Sünden nicht mehr angerechnet, dann gilt das von jeder einzelnen meiner Sünden, auch von einer ganz bestimmten.

Wenn ich Gott meine Sünden bekenne, denke ich an Jesus Christus, der mich mit ihm versöhnt hat. Und wenn ich mich im Glauben an Jesus halte, dann höre ich Gott sagen: Ich vergebe dir die Schuld deiner Sünde, auch einer ganz bestimmten Sünde, ich denke nicht mehr an sie. Dies Gnadenwort Gottes erklingt in jeder christlichen Predigt. Es macht den bußfertigen und gläubigen Zuhörer gewiß, daß seine Sünde vergeben ist. Das geschieht auch in der Hausandacht und auch, wenn ich an das Evangelium denke. Es geschieht ebenfalls, wenn ich mich meiner Taufe erinnere und beim Empfang des heiligen Abendmahles.

Hochgelobter Herr und Heiland, ich danke dir, daß dein Evangelium und deine Sakramente mir jede einzelne Sünde vergeben. Erhalte mir diese Gewißheit. Amen.

Jesus sprach zu seinen Jüngern: "Wem ihr die Sünden vergebt, dem sind sie vergeben."Joh.20,23

Eigentlich kann nur Gott Sünden erlassen.Er hat aber diese Macht durch seinen Sohn weitergegeben, an seine Jünger zum Beispiel, wie ich eben hörte. Früher hatte er diese Macht schon dem Petrus gegeben, der gerade im Namen der Jünger bekannt hatte, daß Christus Gottes Sohn ist. Ja, allen Christen, der ganzen christlichen Gemeinde hat er sie gegeben mit den Worten: "Was ihr auf Erden lösen werdet, soll auch im Himmel los sein." Wenn ich jemandem Unrecht getan habe und ihn um Verzeihung bitte, dann gilt sein Vergebungswort so, als hätte Gott selbst es gesprochen.

Wenn mich sonst irgendeine Sünde bedrückt, würde ich gern von jemandem die Worte hören: "Sie ist dir vergeben." Es gibt so jemandem, denn jede christliche Gemeinde hat einen Diener Gottes berufen. Ihm hat sie in Christi Namen das Amt des Wortes Gottes anvertraut. Er soll taufen, predigen, das Abendmahl reichen. Er soll aber auch der ganzen Gemeinde oder einzelnen Gliedern sagen:"Ich vergebe dir deine Sünde,deine Sünden." ZU ihm kann ich also gehen, wenn mich eine bestimmte Sünde bedrückt.Vor ihm bekenne ich mich dieser Sünde schuldig und bitte ihn, sie mir zu vergeben. Und dann darf ich die wunderbaren Worte hören: "Ich vergebe dir diese Sünde im Namen des Vaters,des Sohnes und des Heiligen Geistes." So deutlich, wie ich dabei des Seelsorgers Hand auf meinem Kopf spüre, so gewiß hat Gott selbst mir vergeben.

Gnädiger Gott, ich danke dir für das Amt, vor dem ich meine Sünde beichten kann und von dem ich das Wort der Sündenvergebung höre. Erhalte dies Amt, solange die Welt steht. Amen.

FRÖHLICH IN GOTT

Ich freue mich im Herrn,und meine Seele ist fröhlich in meinem Gott, denn er hat mir die Kleider des Heils angezogen und mich mit dem Gewand der Gerechtigkeit gekleidet. Jesaja 61,10

Ich kann immer fröhlich sein. Vom Beginn meines Lebens an ist Gott mit seiner Allmacht an mir tätig. Von meiner Taufe an wirkt er mit seiner Gnade an mir. Da hat er mich als sein Kind angenommen, und ich darf in seiner Gemeinschaft leben. Bis heute hat er mir das Wort von seiner Gnade erhalten. Er hat mir aber auch versprochen, daß er mir das Evangelium auch weiterhin bewahren will. Wo ich gehe und stehe, kann ich den Trost der Sündenvergebung im Herzen tragen. Diesen Trost macht er mir immer aufs neue gewiß, wenn ich sein Wort höre in der täglichen Hausandacht und im sonntäglichen Gottesdienst.

Eigentlich dürfte ich nie ganz traurig sein,auch wenn ich Trauriges erlebe. Die Bibel sagt von den Christen: "Sie trauern wohl, sind aber alle Zeit fröhlich." Durch alle und jede Traurigkeit hindurch kann Freude leuchten, nämlich die Freude, daß Gott gnädig ist, daß er uns in seinem Sohn das Heil geschenkt hat; die Freude, daß wir durch die Sündenvergebung das Gewand der Gerechtigkeit Christi tragen dürfen. Durch diese Freude sind wir Christen gezeichnet.

Bei diesem 'Wir',das alle Christen umfaßt, darf aber das Ich nicht vergessen werden. Ich gehe in der großen Menge der Kinder Gottes nicht unter, so daß ich fast nicht mehr zu sehen wäre. Ich darf in Gott fröhlich sein,als gäbe es außer ihm und mir sonst niemandem. Er ist ja mein Gott, das heißt, er gehört mir ganz und gar, nicht nur ein Stückchen von ihm. Er gehört mir mit seiner ganzen Gnade, nicht nur mit ein bißchen Gnade. Er ist mein eigen, weil er zu mir sagt:

"Ich bin der Herr, dein Gott." Und ich gehöre ihm, weil er gesagt hat: "Ich habe dich erlöst, ich habe dich bei deinem Namen gerufen; du bist mein."

Lieber Herr, in dir freue ich mich. Mein Gott, in dir bin ich fröhlich. Erhalte mir diese Freude und Fröhlichkeit durch dein Wort und Sakrament bis an mein Ende. Und dann laß mich dich sehen, wie du bist, dich Gott Vater, Gott Sohn, Gott Heiliger Geist. Amen.